Michael Schabacker | Sándor Vajna (Hrsg.)

Solid Edge ST2 – kurz und bündig

Aus dem Programm Maschinenelemente und Konstruktion

Pro/ENGINEER Wildfire 4.0 für Einsteiger – kurz und bündig
von S. Clement und K. Kittel/ herausgegeben von S. Vajna

Solid Works
von U. Emmerich

CATIA V5 - kurz und bündig
von S. Hartmann/herausgegeben von S. Vajna

UNIGRAPHICS NX7 – kurz und bündig
von G. Klette/herausgegeben von S. Vajna

Pro/ENGINEER-Praktikum
herausgegeben von P. Köhler

CATIA V5-Grundkurs für Maschinenbauer
von R. List

Lehrwerk Roloff/Matek Maschinenelemente
von H. Wittel, D. Muhs, D. Jannasch und J. Voßiek

Entwickeln, Konstruieren, Berechnen
von B. Fleischer und H. Theumert

Konstruieren, Gestalten, Entwerfen
von U. Kurz, H. Hintzen und H. Laufenberg

Technisches Zeichnen
von S. Labisch und C. Weber

Leichtbau-Konstruktion
von B. Klein

FEM
von B. Klein

www.viewegteubner.de

Michael Schabacker | Sándor Vajna (Hrsg.)

Solid Edge ST2 – kurz und bündig

Grundlagen für Einsteiger

4., aktualisierte und erweiterte Auflage

STUDIUM

Bibliografische Information der Deutschen Nationalbibliothek
Die Deutsche Nationalbibliothek verzeichnet diese Publikation in der
Deutschen Nationalbibliografie; detaillierte bibliografische Daten sind im Internet über
<http://dnb.d-nb.de> abrufbar.

1. Auflage 2005
2., überarbeitete und aktualisierte Auflage 2007
3., aktualisierte und erweiterte Auflage 2008
4., aktualisierte und erweiterte Auflage 2010

Alle Rechte vorbehalten
© Vieweg+Teubner Verlag | Springer Fachmedien Wiesbaden GmbH 2010

Lektorat: Thomas Zipsner | Imke Zander

Vieweg+Teubner Verlag ist eine Marke von Springer Fachmedien.
Springer Fachmedien ist Teil der Fachverlagsgruppe Springer Science+Business Media.
www.viewegteubner.de

Das Werk einschließlich aller seiner Teile ist urheberrechtlich geschützt.
Jede Verwertung außerhalb der engen Grenzen des Urheberrechtsgesetzes
ist ohne Zustimmung des Verlags unzulässig und strafbar. Das gilt insbesondere für Vervielfältigungen, Übersetzungen, Mikroverfilmungen und die
Einspeicherung und Verarbeitung in elektronischen Systemen.

Die Wiedergabe von Gebrauchsnamen, Handelsnamen, Warenbezeichnungen usw. in diesem
Werk berechtigt auch ohne besondere Kennzeichnung nicht zu der Annahme, dass solche
Namen im Sinne der Warenzeichen- und Markenschutz-Gesetzgebung als frei zu betrachten
wären und daher von jedermann benutzt werden dürften.

Umschlaggestaltung: KünkelLopka Medienentwicklung, Heidelberg
Technische Redaktion: Stefan Kreickenbaum, Wiesbaden
Druck und buchbinderische Verarbeitung: STRAUSS GMBH, Mörlenbach
Gedruckt auf säurefreiem und chlorfrei gebleichtem Papier.
Printed in Germany

ISBN 978-3-8348-1208-7

Vorwort

Am Lehrstuhl für Maschinenbauinformatik der Otto-von-Guericke-Universität Magdeburg werden Studenten seit mehr als fünfzehn Jahren an führenden 3D-CAD/CAM-Systemen mit dem Ziel ausgebildet, Grundfertigkeiten in der Anwendung der CAD/CAM-Technologie zu erwerben, ohne sich dabei nur auf ein einziges System zu spezialisieren. Dazu nutzen die Studenten die gleichen Übungsbeispiele auf mindestens vier verschiedenen 3D-CAD/CAM-Systemen, um die jeweiligen Vor- und Nachteile der einzelnen CAD/CAM-Systeme für spezifische Anwendungsgebiete kennenzulernen. Das vorliegende Buch nutzt die vielfältigen Erfahrungen, die während der Ausbildung in Solid Edge gesammelt wurden.

Der Anspruch des Buches „kurz & bündig" kann nur eine Auswahl der grundlegenden Elemente von Solid Edge abbilden. Der Fokus liegt daher auf einer kurzen, verständlichen Darstellung der grundlegenden Modellierungstechniken, beginnend mit einfachen Bauteilen. Somit kann der Leser parallel zu den erläuterten Funktionen diese sofort praktisch anwenden und das Erlernte festigen.

Im ersten Kapitel werden grundlegende Begriffe und Befehle für die Benutzung von Solid Edge ST2 dargestellt. In den folgenden beiden Kapiteln werden aus einfachen 2D-Konturen mit Hilfe des Extrusions- und Skizzier-Modus sowie einfachen geometrischen Formelementen (Features) wie z. B. Bohrungen, Fasen und Verrundungen 3D-Modelle erzeugt. Dazu wird im dritten Kapitel zunächst eine allgemeine Vorgehensweise zur 3D-CAD-Modellierung und deren Arbeitstechniken zur Volumenmodellierung dargestellt.

Im vierten Kapitel werden Einzelteile einer Baugruppe modelliert, in denen einige vorher behandelte Formelemente und unterschiedliche Einstellungsmöglichkeiten (z. B. für Abmaße) vertieft sowie weitere geometrische Formelemente (z. B. Erzeugung assoziativer Kopien von Bohrungen) behandelt werden. Im fünften Kapitel werden die Einzelteile mit verschiedenen Beziehungstypen (z. B. An-/Aufsetzen von Flächen, planares Ausrichten von Flächen) zu einer Baugruppe verknüpft. Im sechsten Kapitel wird die Ableitung technischer Zeichnungen behandelt. Um das Erlernte aus den vorigen Kapiteln weiter zu festigen, werden im siebten Kapitel Blechteile modelliert und verknüpft sowie anschließend mit der Blechteilmodellierungstechnik (Sheet Metal) aus Solid Edge abgewickelt. Da dieses Übungsbeispiel ein Normteil beinhaltet und Normteile – in Solid Edge so genannte Standard Parts – normalerweise in Normteilbibliotheken vorliegen, wird in diesem Kapitel noch die Vorgehensweise des Ladens von Standard Parts im Zusammenbau beschrieben.

Im achten Kapitel werden verschiedene spezielle Solid Edge-Funktionen (Erstellung von Wölbungen, Formschrägen, dünnwandige Bauteilen, Rippen, Versteifungsnetzen, Lüftungsgittern, Lippen und Befestigungsdomen) vorgestellt.

Neu in dieser Auflage ist im letzten Kapitel die Freiformmodellierung mit Splines (Freiformlinien höherer Ordnung, die mit Glättungsfunktionen ausgestattet sind). Splines werden hier sowohl als so genannte Tabellenkurven mit Hilfe einer gegebenen Punktemenge als auch als so genannte Eigenpunktkurven (z. B. Verbindungskurven zwischen Tabellenkurven) erzeugt. Anschließend wird aus den Splines eine so genannte geführte Fläche erzeugt, die zu einem Volumenkörper verstärkt wird.

Das Buch wendet sich an Leser mit keiner oder geringer Erfahrung in der Anwendung von 3D-CAD/CAM-Systemen. Es soll das Selbststudium unterstützen und zu weiterer Beschäftigung mit Solid Edge anregen. In diesem Buch stehen die Vorgehensweisen und Basisfunktionalitäten der 3D-Modellierung im Vordergrund. Daher kann hier auf die neue Vorgehensweise mit Synchronous Technology – eine von der Konstruktionshistorie unabhängige Feature-basierte Modellierung – nicht eingegangen werden, da dies den Rahmen des Buches sprengen würde.

Durch den Aufbau des Textes in Tabellenform und die zahlreichen Abbildungen ist dieses Buch sehr gut als Schritt-für-Schritt-Anleitung geeignet, kann darüber hinaus auch als Referenz für die tägliche Arbeit mit dem System genutzt werden.

Besonderer Dank der Autoren gilt Frau Julia Lettmann, Herrn Mario Miethke und Herrn Daniel Heinick für die kreative Unterstützung und Überarbeitung des Manuskripts sowie Herrn Thomas Zipsner und allen beteiligten Mitarbeitern des Vieweg+Teubner Verlages, Lektorat Technik für die konstruktive und freundliche Zusammenarbeit. Ebenso herzlichen Dank an die Leser der 3. Auflage, deren zahlreiche Hinweise bei der Überarbeitung des Buches mit eingeflossen sind. Natürlich sind die Autoren auch weiterhin dankbar für jede Anregung aus dem Kreis der Leser bezüglich Inhalt, Darstellung und Reihenfolge der Modellierung mit Solid Edge.

Magdeburg, im Juli 2010   Dr.-Ing. Dipl.-Math. Michael Schabacker

                                                Univ.-Prof. Dr.-Ing. Dr. h.c. Sándor Vajna

Inhaltsverzeichnis

1	**Einführung**	1
1.1	Grundlegende Begriffe	1
1.2	Starten von Solid Edge für 3D-Modellierung	2
1.3	Anwendungen in Solid Edge ST2	2
1.4	Benutzungsoberfläche in der Part-Umgebung	5
1.5	Mausbelegung	6
1.6	Anlegen neuer CAD-Dateien	8
1.7	Bauteilinformationen	9
1.8	Systemeinstellungen	9
1.9	Manipulation der Bildschirmdarstellung	9
1.10	Hilfsfunktionen für das Modellieren	12
1.11	Erklärung der einzelnen Buttons zum Modellieren	16
1.12	Kontrollfragen	19
2	**Modellierung in einem 3D-CAD-System**	20
2.1	Vorgehensweise zur 3D-CAD-Modellierung	20
2.2	Arbeitstechniken zur Volumenmodellierung	20
2.3	Erste Modellierungsschritte (Hülse als Extrusion)	21
2.4	Kontrollfragen	29
3	**Volumenmodellierung im Skizzier-Modus**	30
3.1	Beispiel Hülse	31
3.2	Beispiel Winkel	37
3.3	Kontrollfragen	42
4	**Geometriemodellierung**	43
4.1	Modellieren des Hebels	44
4.2	Modellieren des Deckels	47
4.3	Modellieren der Welle	49
4.4	Modellieren der Ventilplatte	55
4.5	Modellieren des Gehäuses	58
4.6	Kontrollfragen	67
5	**Zusammenbau (Assemblies)**	68
5.1	Zusammenbauoptionen	68
5.2	Erläuterungen zur anwendungsspezifischen Symbolleiste	69
5.3	Erläuterung der Funktionen unter Anwendung der rechten Maustaste	71
5.4	Erläuterung der verschiedenen Beziehungstypen	72
5.5	Erläuterung der Symbole im Assembly PathFinder	74
5.6	Zusammenbau des Drosselventils	75
5.7	Modellieren eines Blindflansches	84

5.8	Einfügen einer Unterbaugruppe	87
5.9	Kollisionsanalyse	90
5.10	Kontrollfragen	91

6 Zeichnungserstellung (Drafting) ... 92
6.1	Voreinstellungen im DRAFTING-Modus	92
6.2	Erklärung wichtiger Buttons der Symbolleisten	94
6.3	Einrichten des Zeichenblattes	96
6.4	Erstellen der Zeichnung	96
6.5	Erzeugen von Schnitten	100
6.6	Erzeugen einer Detailansicht	102
6.7	Hinzufügen von Bemaßungen, Texten etc.	103
6.8	Editieren der Formatvorlage	108
6.9	Erzeugen einer Stückliste	109
6.10	Plotten der Zeichnung	109
6.11	Kontrollfragen	110

7 Blechteilmodellierung (Sheet Metal) ... 111
7.1	Modellieren des Bolzens	111
7.2	Modellieren des Oberteils	113
7.3	Modellieren des Unterteils	118
7.4	Zusammenbau der einzelnen Komponenten	121
7.5	Abwickeln des Unterteils	124
7.6	Kontrollfragen	124

8 Spezielle Funktionen in Solid Edge ... 125
8.1	Behandlung von Wölbungen und Formschrägen	125
8.2	Dünnwandige Bauteile	129
8.3	Weitere Funktionen	130
8.4	Kontrollfragen	138

9 Freiformmodellierung mit Splines ... 139
9.1	Generieren und Spiegeln der Tabellenkurven	141
9.2	Generieren der Verbindungskurven (Eigenpunktkurve) zwischen den Tabellenkurven und der Führungskurven	142
9.3	Erzeugen der geführten Fläche	143
9.4	Verstärken der Fläche	144
9.5	Prüfen der Symmetrie	144
9.6	Einfügen der Bohrungen und Verrunden der Kanten	145
9.7	Kontrollfragen	145

Musterlösungen zu Kontrollfragen in Kapitel 1–9 ... 146

Sachwortverzeichnis ... 154

1 Einführung

Das Einführungskapitel gliedert sich in mehrere Abschnitte. Nach einer kurzen Klärung der verwendeten grundlegenden Begriffe erfolgt die Erläuterung der Benutzungsoberfläche von Solid Edge ST2. Hier werden nacheinander alle einzelnen Menüpunkte, die vorhandenen Buttons und die Mausbelegungen mit ihren jeweiligen Funktionen vorgestellt.

Wie bei jedem Kapitel bildet eine kurze Zusammenstellung einfacher Kontrollfragen den Abschluss. Diese dienen dem Anwender als Selbstkontrolle zum vermittelten Inhalt des Kapitels.

1.1 Grundlegende Begriffe

Button	Taste
Doppelklick	Zweifache Betätigung einer Maustaste
(Erläuterung)	Erläuterung einer Aktion zum besseren Verständnis
freies Digitalisieren	Festlegen von Koordinaten durch Mausklick in den Grafikbereich
Funktion	Modellierungsfunktion (siehe Bildschirmaufteilung)
Selektieren	Auswählen eines Geometrieobjektes mit der Maus
Vorgabewert	Vorgegebener Wert, der verändert werden kann
<Wert>	Tastatureingabe eines Zahlenwertes
<"Wert">	Tastatureingabe der Zeichenkette „Wert"
⇒	Trennung zwischen zwei Aktionen
/	Kurzform für „oder"
Gruppe	Zusammenfassung von Buttons (Funktionalitäten) in der Symbolleiste
Reiterkarte	Sortier- und Navigationshilfe, die der weiteren Unterteilung von Einzelelementen dient (optisch wie denen in Aktenschränken wirkend)
⏎	Return-Taste

1.2 Starten von Solid Edge für 3D-Modellierung

Button START ⇒ PROGRAMME ⇒ SOLID EDGE ST2 ⇒ SOLID EDGE

1.3 Anwendungen in Solid Edge ST2

Für die Erstellung von Teilen, Baugruppen und Zeichnungen sind jeweils andere, eigene Befehle notwendig. In Solid Edge existieren für die unterschiedlichen Aufgaben verschiedene Arbeitsumgebungen. Zur Speicherung der Daten aus den verschiedenen Arbeitsumgebungen stehen jeweils andere Dateitypen zur Verfügung. In Solid Edge ST2 ist der Synchronous Mode neu hinzugekommen, so dass es drei grundsätzlich unterschiedliche Umgebungen gibt: „Traditionell und Synchronous", „nur Traditionell" sowie „nur Synchronous". In den folgenden Kapiteln wird nur der traditionelle Modus verwendet, da dies für das Grundverständnis für die Systemphilosophie von Solid Edge als Einstieg ausreicht.

Zunächst schalten wir in den traditionellen Modus um über die ANWENDUNGSSCHALTFLÄCHE ⇒ SOLID EDGE-OPTIONEN ⇒ BENUTZERPROFIL ⇒ linke Maustaste

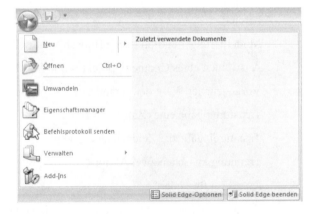

In den Solid Edge Optionen: BENUTZERPROFIL ⇒ unter BENUTZERTYP ⇒ NUR TRADITIONELL auswählen ⇒ OK.

1.3 Anwendungen in Solid Edge ST2 3

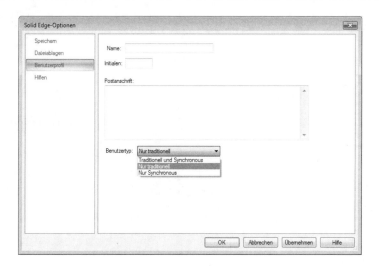

Der Startbildschirm verändert sich nun vom standardmäßig voreingestelltem Synchronous Mode:

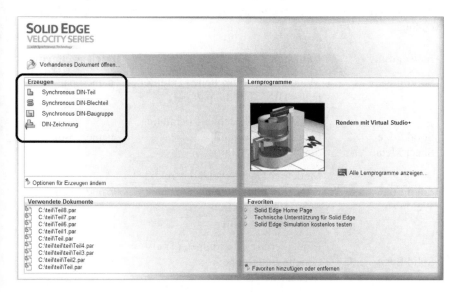

zum traditionellen Modus:

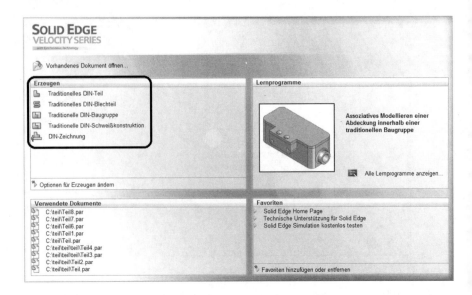

Solid Edge ST2 (traditioneller Modus) speichert die CAD-Dateien als <name>.Erweiterung. Die Dateierweiterung ist abhängig von der jeweils aktiven Anwendung.

Anwendung	Funktion	Dateierweiterung
Solid Edge Part	Modellierung Einzelteile (Traditionelles DIN-Teil; din part.par)	<name>.par
Solid Edge Sheet Metal	Modellierung Blechteile (Traditionelles DIN-Blechteil; din sheet metal.psm)	<name>.psm
Solid Edge Weldment	Modellierung Schweißkonstruktionen (Traditionelle DIN-Schweißkonstruktion; din weldment.asm)	<name>.asm
Solid Edge Assembly	Modellierung Baugruppen (Traditionelle Baugruppe; din assembly.asm)	<name>.asm
Solid Edge Draft	Zeichnungserstellung (Traditionelle Zeichnungserstellung; din draft.dft)	<name>.dft

1.4 Benutzungsoberfläche in der Part-Umgebung

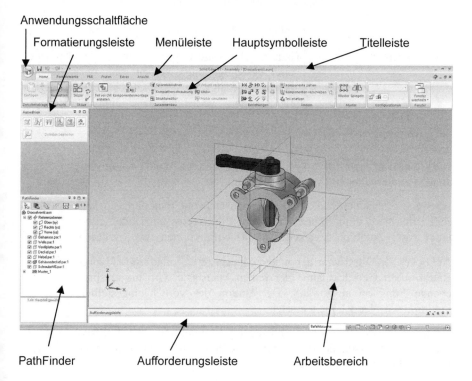

Anwendungsschaltfläche	Zum Erstellen/Öffnen/Speichern von Dateien und deren Verwaltung.
Formatierungsleiste	dynamische Symbolleiste, deren Inhalt sich dem gegenwärtig verwendeten Befehl anpasst.
Menüleiste	enthält alle verfügbaren Befehle in Pull-Down-Menüs.
Hauptsymbolleiste	enthält Befehle für die am häufigsten verwendeten Windows- und Solid Edge-Funktionen. Wird der Mauszeiger auf einen Button bewegt, erscheint eine Kurzinfo mit der Funktion der Taste.
Titelleiste	enthält den Namen der aktiven Umgebung und des aktiven Dokuments (Part, Draft, Sheet Metal, ...).

PathFinder	enthält Informationen über den Aufbau des Bauteils und dessen Chronologie.
Aufforderungsleiste	enthält wichtige Informationen und Meldungen.
Arbeitsbereich	Hauptteil des Solid Edge-Fensters. In der Part- oder Assembly-Umgebung werden die Basisreferenzebenen angezeigt. In der Draft-Umgebung werden mit Registern versehene Zeichnungsblätter angezeigt.

Die Benutzungsoberfläche kann analog zu anderen Windows-Anwendungen eingerichtet und verändert werden.

Hinweis: Die Schaltflächen können mehrfach mit Funktionen belegt sein. Dies wird durch einen schwarzen Pfeil rechts am Button bzw. unter einer Funktion angezeigt. Mehrfachfunktionen werden durch Anklicken des Pfeils mit der linken Maustaste angezeigt (Flyout-Button). Mit Gedrückthalten der linken Maustaste wird die entsprechende Funktion ausgewählt. Der Button der vorher eingestellten Funktion wird jedoch nicht ersetzt.

Hinweis: Ist bei einer Mehrfachbelegung die Funktion des sichtbaren Buttons nicht verfügbar, so können dennoch die anderen dort untergebrachten Funktionen verfügbar sein.

1.5 Mausbelegung

Die linke Maustaste kann für folgende Vorgänge verwendet werden:

- Ein Element durch Klicken markieren
- Mehrere Elemente durch Ziehen und Einzäunen markieren
- Ein ausgewähltes Element ziehen
- Klicken oder Ziehen, um ein Element zu zeichnen
- Auswahl eines Befehls im Menü oder in der Symbolleiste
- Doppelklicken, um ein eingebettetes oder verknüpftes Objekt zu aktivieren

1.5 Mausbelegung

Die rechte Maustaste 🖱 kann für folgende Vorgänge verwendet werden:

- Ein Kontextmenü anzeigen (siehe Bild)

Kontextmenüs sind umgebungsabhängig. Die Befehle im Menü hängen von der aktuellen Mauszeigerposition und ggf. der Elementwahl ab.

- Einen Befehl neu starten

Mit der Maus können auch Objekte identifiziert werden. Wird der Mauszeiger auf dem Zeichenblatt bewegt, werden Objekte unter dem Mauszeiger farblich hervorgehoben, womit angezeigt wird, dass sie identifiziert wurden. Wird der Mauszeiger von einem so markierten Objekt wegbewegt, erscheint es wieder in der ursprünglichen Farbe.

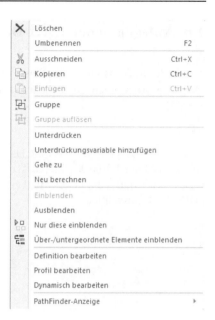

1.5.1 Auswahl in 2D-Umgebungen

 In einem Profilfenster oder der Draft-Umgebung befindet sich am Pfeilende der Anzeiger für die Lokalisierungszone. Beim Verschieben der Maus wird jedes Element, über das dieser Anzeiger bewegt wird, in der Markierungsfarbe angezeigt.

1.5.2 Auswahl mittels QuickPick

 Beim Auswählen eines Elementes oder Objektes, das sich nicht eindeutig mit dem Mauszeiger markieren lässt, geschieht dies mit Hilfe der Quick-Pick-Symbolleiste. Werden Auslassungspunkte (...) am Mauszeiger angezeigt, wird die rechte Maustaste betätigt, um die QuickPick-Symbolleiste anzuzeigen. Beim Verschieben des Mauszeigers über die einzelnen Schaltflächen dieser Symbolleiste wird eines der überlappenden Elemente markiert.

 Rechtsklick ⇒

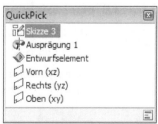

1.6 Anlegen neuer CAD-Dateien

Entweder in der Hauptsymbolleiste über das Icon NEU ⇒ Auswählen der Dateiart <din part.par> ⇒ OK

oder

über die ANWENDUNGSSCHALTFLÄCHE über das Icon NEU das kleine „schwarze Dreieck" mit Maus anklicken und <traditionelles DIN-Teil> auswählen

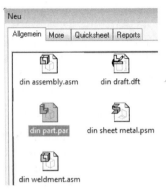

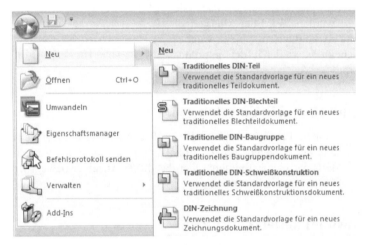

1.6.1 Öffnen bestehender CAD-Dateien

ANWENDUNGSSCHALTFLÄCHE ⇒ ÖFFNEN ⇒ Datei auswählen ⇒ ÖFFNEN

Hinweis: Hier können auch Austauschformate wie z. B. IGES zum Importieren von Dateien anderer CAD-Programme ausgewählt werden.

1.6.2 Speichern der Dateien

 ANWENDUNGSSCHALTFLÄCHE ⇒ SPEICHERN <Name> eingeben und bei Bedarf Pfad ändern ⇒ SPEICHERN

Wiederholtes Drücken von SPEICHERN speichert die Datei

Hinweis: Hier können auch Austauschformate zum Exportieren von Dateien in andere CAD-Programme ausgewählt werden.

1.7 Bauteilinformationen

Unter PRÜFEN ⇒ Gruppe PHYSIKALISCHE EIGENSCHAFTEN ⇒ EIGENSCHAFTEN

kann nach Eintragen der Dichte (auch andere Einheit möglich) u. a. die Masse abgelesen werden. Ebenso stehen hier die Trägheitsmomente zur Verfügung.

1.8 Systemeinstellungen

Die Einstellung der Systemoptionen erfolgt unter ANWENDUNGSSCHALTFLÄCHE ⇒ SOLID EDGE-OPTIONEN. Neben allgemeinen Windows-Optionen wie Nutzerinfo und Dateiablage erfolgt in diesem Menü die Einstellung der Systemfarben und der Beziehungstypen zwischen Einzelteilen. Die Anpassung der Symbolleisten erfolgt über rechte Maustaste ⇒ SYMBOLLEISTE FÜR DEN SCHNELLZUGRIFF ANPASSEN analog zu anderen Windows-Anwendungen.

1.9 Manipulation der Bildschirmdarstellung

1.9.1 Zoomfunktionen

 Menüleiste ANSICHT ⇒ Gruppe AUSRICHTEN ⇒ AUSSCHNITTSVERGRÖSSERUNG ⇒ mit gedrückter Fenster aufziehen

Alternativ: Button AUSSCHNITTSVERGRÖßERUNG in Aufforderungsleiste verwenden

Menüleiste ANSICHT ⇒ Gruppe AUSRICHTEN ⇒ GRÖßE VERÄNDERN ⇒ mit gedrückter 🖱 dynamisch Zoomen

Alternativ: Button AUSRICHTEN in Aufforderungsleiste verwenden

ODER: Scrollrad der Maus verwenden

Menüleiste ANSICHT ⇒ Gruppe AUSRICHTEN ⇒ EINPASSEN ⇒ Zoomfaktor wird an Fenstergröße angepasst

Alternativ: Button EINPASSEN in Aufforderungsleiste verwenden

1.9.2 Verschieben des Bildausschnitts (Pan)

Menüleiste ANSICHT ⇒ Gruppe AUSRICHTEN ⇒ AUSSCHNITT VERSCHIEBEN ⇒ mit gedrückter 🖱 nach links/rechts oder oben/unten verschieben

Alternativ: Button AUSSCHNITT VERSCHIEBEN in Aufforderungsleiste verwenden

1.9.3 Dynamisches Drehen

Menüleiste ANSICHT ⇒ Gruppe AUSRICHTEN ⇒ DREHEN ⇒ mit gedrückter 🖱 frei rotieren oder durch Klicken Rotationsachse auswählen und mit gedrückter 🖱 um diese rotieren (Rotationsachse kann auch Kante eines Körpers sein)

Alternativ: Button DREHEN in Aufforderungsleiste verwenden

ODER: mit gedrücktem Scrollrad frei rotieren

Durch Starten eines beliebigen anderen Befehls wird der Befehl Drehen wieder aufgehoben.

1.9.4 Drehen nach Vorgabe

 Menüleiste ANSICHT ⇒ Gruppe AUSRICHTEN ⇒ ALLGEMEINE ANSICHTEN ⇒ Modell um fest definierte Kanten und Winkel drehen, ausgewählte Teilflächen zeigen.

1.9.5 Einsatz eines 3D-Controllers (Spacemouse)

Ein 3D-Controller ist ein 3D-Eingabegerät, das die Bewegungen der Kappe in Translationen (X, Y und Z) und Rotationen (A, B und C) umwandelt. Auf diese Weise sind Bewegungen graphischer Modelle intuitiv in allen sechs Freiheitsgraden möglich. In Solid Edge ist die Benutzung eines 3D-Controllers möglich.

1.9.6 Modellansichten

Solid Edge stellt standardmäßig folgende fünf Ansichten zur Verfügung:

Menüleiste ANSICHT ⇒

Gruppe ANSICHTEN ⇒

ODER: AUFFORDERUNGSLEISTE ⇒ ANSICHTSAUSRICHTUNG

oben	Draufsicht des Modells	**Strg**+T
vorne	Vorderansicht des Modells	**Strg**+F
rechts	Rechte Seitenansicht des Modells	**Strg**+R
Iso	Isometrische Ansicht des Modells	**Strg**+I
links	Linke Seitenansicht des Modells	**Strg**+L

Die benannten Ansichten können gelöscht, neu definiert und durch weitere Ansichten ergänzt werden.

1.9.7 Schattieren

Über Menüleiste ANSICHT ⇒ Gruppe FORMATVORLAGE ⇒ Drücken der Button SCHATTIERT oder SCHATTIERT MIT SICHTBAREN KANTEN in Symbolleiste. Durch nochmaliges Drücken des Buttons SCHATTIERT wird Schattierung wieder aufgehoben. Einstellung von Ansichten, Farben etc. über ANWENDUNGSSCHALTFLÄCHE ⇒ SOLID EDGE-OPTIONEN

Schattierungsmöglichkeiten:

DRAHTMODELL (nicht schattiert)

SICHTBARE UND VERDECKTE KANTEN (nicht schattiert)

SCHATTIERT

SCHATTIERT MIT SICHTBAREN KANTEN

FALLENDER SCHATTEN

1.9.8 Aktualisieren der Bildschirmdarstellung

Menüleiste ANSICHT ⇒ Gruppe AUSRICHTEN ⇒ AKTUALISIEREN

Alternativ: Funktionstaste F5

1.10 Hilfsfunktionen für das Modellieren

1.10.1 Löschen von Geometrieelementen

Element mittels Cursor oder PathFinder auswählen ⇒ Rechte Maustaste ⇒ LÖSCHEN

Alternativ: Objekt markieren ⇒ Entf

1.10.2 Rückgängigmachen von Aktionen

Neben ANWENDUNGSSCHALTFLÄCHE ⇒ RÜCKGÄNGIG

1.10.3 Messen geometrischer Größen

Unter Menüleiste PRÜFEN ⇒ Gruppe 3D-MESSEN ⇒ Art der Messung auswählen ⇒ Bezugsobjekt mit Cursor auswählen

Rücksetzen mittels Button in Formatierungsleiste

1.10.4 Ein-/Ausblenden von Objekten

Zum Ausblenden von Objekten: Im PathFinder entsprechendes Objekt mit der linken Maustaste anklicken ⇒ mit rechter Maustaste auf AUSBLENDEN gehen und linke Maustaste klicken. Einblenden von Objekten erfolgt analog im Pathfinder.

1.10.5 Ändern von Elementeigenschaften

Menüleiste ANSICHT ⇒ Gruppe FORMATVORLAGE ⇒ TEIL FÄRBEN können Körpern bzw. Flächen Farben zugewiesen werden. Über ANWENDUNGS-SCHALTFLÄCHE ⇒ EIGENSCHAFTEN können verschiedene Datei- und Werkstoffeigenschaften verändert, bzw. erstellt werden.

1.10.6 Ändern der Hintergrundfarbe

Menüleiste ANSICHT ⇒ Gruppe FORMATVORLAGE ⇒ ANSICHT auswählen ⇒ Reiterkarte HINTERGRUND ⇒ Beliebige Änderung von FARBE 1 und FARBE 2

1.10.7 Auswahlmöglichkeiten in Solid Edge

Kontrollkästchen

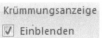

dienen zum Ein- und Ausschalten von Optionen. Ein Häkchen zeigt an, dass die Option eingeschaltet ist.

Runde Optionsfelder

bieten zwei oder mehr Optionen. Es kann jeweils nur eine Möglichkeit aktiviert werden.

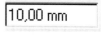

Feld

akzeptiert einen Wert nach Eingabe und Bestätigung mit Tabulator- oder Eingabetaste.

Dropdown-Liste

enthält mehrere Optionen, die ausgewählt werden können. In einigen Fällen ist auch die Eingabe eines Wertes erlaubt.

1.10.8 Online-Hilfe

In diesem Buch kann nicht alles erklärt werden, siehe daher auch die Online-Dokumentation: In Menüleiste (HILFEINDEX)

Alternativ: Funktionstaste F1

ODER: Auch auf die Hilfestellungen in der Aufforderungsleiste achten!

1.10.9 Weitere Hilfen

Befehle, wie bspw. in der Hauptsymbolleiste können über ANWENDUNGS-SCHALTFLÄCHE ⇒ SOLID EDGE-OPTIONEN ⇒ HILFEN angepasst werden:

1.10 Hilfsfunktionen für das Modellieren

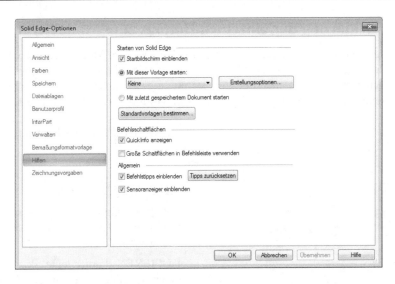

Zum Suchen von Solid Edge-Befehlen oder Funktionalitäten empfiehlt es sich, in der AUFFORDERUNGSLEISTE ⇒ BEFEHLSSUCHE den Namen des Befehls oder die Funktionalität einzugeben.

Beispielhaft für die Bohrung werden Übereinstimmungen dargestellt:

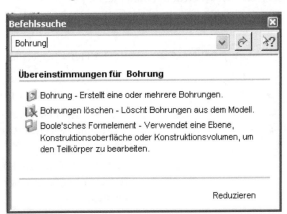

Durch Anklicken der jeweiligen Übereinstimmung wird z. B. der Button in der anwendungsspezifischen Symbolleiste oder das betreffende Menü mit dem betreffenden Menüpunkt zum Auswählen hervorgehoben.

1.11 Erklärung der einzelnen Buttons zum Modellieren

Im Folgenden werden die Buttons der Formelemente zum Modellieren von Teilen in Solid Edge erklärt. Bei den Flyout-Buttons werden die Auswahlmöglichkeiten ausgeklappt und nebenstehend erklärt. Damit ist es einfacher möglich, später den betreffenden Button in der jeweiligen Auswahlmöglichkeit wieder zu finden.

Auswählen		AUSWÄHLEN [eines Elementes]
Skizze	Abriss / Kopieren / Komponente	SKIZZE [legt eine Skizze an] ABRISS [kopiert oder verschiebt Skizzenelemente von einer Referenzebene zur anderen] KOPIEREN [kopiert eine Skizze aus einem Quelldokument in ein Zieldokument im Kontext der aktiven Baugruppe] KOMPONENTE [öffnet ein Skizzenfenster, damit eine Komponentenskizze für die spätere Verwendung beim Arbeiten mit virtuellen Komponenten erstellt werden kann]
Extrusion		EXTRUSION [extrudiert eine Fläche]
Rotation	Hinzufügen / Must / Geführt / Übergang / Schraubenfläche / Normal / Verstärken	ROTATION [rotiert eine Fläche] GEFÜHRT (e Extrusion) [extrudiert eine Fläche entlang einer Leitkurve] ÜBERGANG (sextrusion) [führt eine Extrusion zwischen zwei Anschlussflächen aus] SCHRAUBENFLÄCHE [führt eine Extrusion entlang einer Schraubenlinie aus] NORMAL [führt eine Extrusion senkrecht zu einer Teilfläche aus] VERSTÄRKEN [verstärkt ausgewählte Teilbereiche]

1.11 Erklärung der einzelnen Buttons zum Modellieren

Ausschnitt	AUSSCHNITT [einer extrudierten Fläche]	
Rotationsschnitt	Entfernen / Spieg / Geführt / Übergang / Schraubenfläche / Normal	ROTATIONSAUSSCHNITT [schneidet eine rotierte Fläche aus]
		GEFÜHRT(er Ausschnitt) [schneidet eine Fläche entlang einer Leitlinie aus]
		ÜBERGANG(sausschnitt) [schneidet eine Fläche zwischen zwei Anschlussflächen aus]
		SCHRAUBENFLÄCHE [schneidet eine Fläche entlang einer Schraubenlinie aus]
		NORMAL [schneidet eine Fläche senkrecht zu einer Teilfläche aus]
Bohrung	Bohrung / Gewinde	BOHRUNG [erzeugt eine oder mehrere Bohrungen]
		GEWINDE [erzeugt Innen- oder Außengewinde]
Formschräge		FORMSCHRÄGE [fügt eine Formschräge hinzu]
Verrundung	Verrundung / Fase	VERRUNDUNG [fügt Verrundung(en) hinzu]
		FASE [fügt Fase(n) hinzu]
	Muster / Muster entlang Kurve / Spiegeln / Muster	MUSTER [erzeugt rechteckige oder kreisförmige Muster]
		MUSTER ENTLANG KURVE [erzeugt Muster entlang einer Kurve]
Spiegeln	Formelement spiegeln / Spiegelkopie eines Teils	FORMELEMENT SPIEGELN [spiegelt ausgewählte Elemente]
		SPIEGELKOPIE EINES TEILS [spiegelt Körper, Kanten, Skizzen und Flächen]

1 Einführung

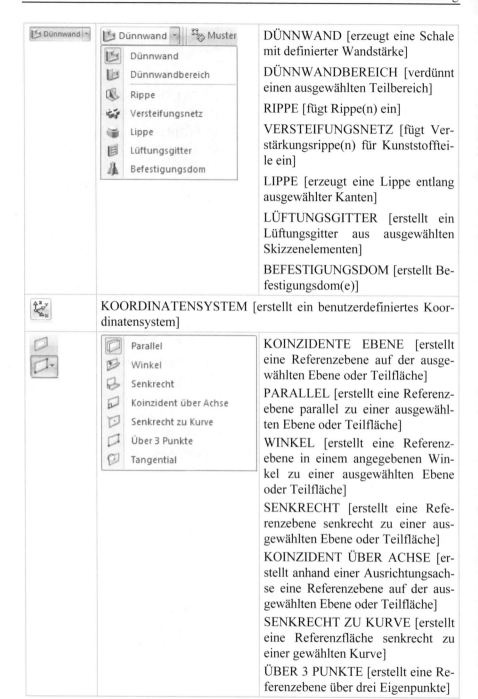

DÜNNWAND [erzeugt eine Schale mit definierter Wandstärke]

DÜNNWANDBEREICH [verdünnt einen ausgewählten Teilbereich]

RIPPE [fügt Rippe(n) ein]

VERSTEIFUNGSNETZ [fügt Verstärkungsrippe(n) für Kunststoffteile ein]

LIPPE [erzeugt eine Lippe entlang ausgewählter Kanten]

LÜFTUNGSGITTER [erstellt ein Lüftungsgitter aus ausgewählten Skizzenelementen]

BEFESTIGUNGSDOM [erstellt Befestigungsdom(e)]

KOORDINATENSYSTEM [erstellt ein benutzerdefiniertes Koordinatensystem]

KOINZIDENTE EBENE [erstellt eine Referenzebene auf der ausgewählten Ebene oder Teilfläche]

PARALLEL [erstellt eine Referenzebene parallel zu einer ausgewählten Ebene oder Teilfläche]

WINKEL [erstellt eine Referenzebene in einem angegebenen Winkel zu einer ausgewählten Ebene oder Teilfläche]

SENKRECHT [erstellt eine Referenzebene senkrecht zu einer ausgewählten Ebene oder Teilfläche]

KOINZIDENT ÜBER ACHSE [erstellt anhand einer Ausrichtungsachse eine Referenzebene auf der ausgewählten Ebene oder Teilfläche]

SENKRECHT ZU KURVE [erstellt eine Referenzfläche senkrecht zu einer gewählten Kurve]

ÜBER 3 PUNKTE [erstellt eine Referenzebene über drei Eigenpunkte]

		TANGENTIAL [erstellt eine Ebene, die tangential zu einer gekrümmten Teilfläche des Teils verläuft]
		KONSTRUKTIONSANZEIGE [steuert Ein-/Ausblenden von Ebenen, Skizzen, Achsen, Flächen und Kurven]

1.12 Kontrollfragen

1. Welche Arbeitsumgebungen beinhaltet Solid Edge ST2 im traditionellen Modus und wozu dienen diese?
2. Welche Bestandteile hat die Benutzungsoberfläche von Solid Edge und wofür werden sie verwendet?
3. Welche Informationen enthält der PathFinder?
4. Welche Möglichkeiten zur Änderung einer Ansicht gibt es?

2 Modellierung in einem 3D-CAD-System

In diesem Kapitel wird zunächst eine allgemeine Vorgehensweise zur 3D-CAD-Modellierung und deren Arbeitstechniken zur Volumenmodellierung dargestellt.

Den Abschluss bildet eine einfache Modellierungsaufgabe, die es dem Anwender ermöglicht, sofort praktisch tätig zu werden und die im ersten Kapitel erläuterten Menüpunkte zu nutzen und zu festigen.

2.1 Vorgehensweise zur 3D-CAD-Modellierung

Die Vorgehensweise zur 3D-CAD-Modellierung enthält folgende Schritte:

- *Top-Down Modelling*: ausgehend von der Idee des zu entwickelnden Produkts werden Einzelteile und Baugruppen (und daraus wiederum weitere Einzelteile) abgeleitet.

- *Solid Modelling*: für die Modellierung von Einzelteilen wird ausgehend von einer Skizze in 2D durch Extrusion bzw. Rotation ein Volumenkörper erstellt und daran geometrische Formelemente (sog. Features) wie Bohrungen, Fasen, Verrundungen, Gewinde etc. erzeugt. Mit Hilfe von Features lassen sich Bauteile mit intelligenter Geometrie definieren. „Feature" – im Sinne der CAD-Anwendung – sind mit Attributen versehene komplexe CAD-Elemente. Diese Attribute können geometrische, technologische oder funktionale Eigenschaften zur Beschreibung eines realen Objektes (Werkstückteil) sein (z. B. Bohrungen, Gewinde).

- *Bottom-Up Modelling*: ausgehend von Einzelteilen werden Baugruppen aufgebaut. Diese Vorgehensweise wird in Kapitel 5 näher erläutert.

2.2 Arbeitstechniken zur Volumenmodellierung

Folgende Arbeitstechniken zur Volumenmodellierung haben sich im Umgang mit Solid Edge (natürlich auch mit anderen gängigen 3D-CAD-Systemen) bewährt:

1. Skizzen so einfach wie möglich halten (d. h. keine Features wie Bohrungen, Verrundungen, Fasen, Gewinde in der Skizze modellieren)
2. Keine Verzweigungen der Konturen und keine einzelnen/isolierten sowie überlagerte Geometrieelemente in den Skizzen

2.3 Erste Modellierungsschritte (Hülse als Extrusion)

3. Darauf achten, dass das Profil geschlossen ist
4. Skizzen separat erzeugen, so dass später bei Änderungen ein leichterer Zugriff auf Parameterwerte und die Form ist (wie später noch gezeigt wird, gibt es in Solid Edge zwei Möglichkeiten der Skizzenerstellung: zum einen innerhalb des Dialogs z. B. der Extrusion oder als eigenständige Skizze unter dem Button SKIZZE)
5. Skizzen vollständig bestimmen (d. h. alle Freiheitsgrade sind mit Hilfe von geometrischen sowie dimensionalen Bedingungen zu vergeben)
6. Geometrische Randbedingungen nutzen (z. B. Verwenden der Kollinearität (d. h. örtliche Übereinstimmung) von Linien mit Koordinatenachsen)
7. „3D-Features" (z. B. Bohrungen, Ausschnitte, Verrundungen, Fasen, Gewinde) so viel wie möglich verwenden
8. Referenzebenen beim Platzieren und Spiegeln von geometrischen Elementen benutzen
9. Spiegelungen/Muster erstellen statt Kopieren von geometrischen Elementen (denn geometrische Beziehungen in der Kopie werden bei Änderungen im Ursprungselement nicht nachvollzogen)

Hinweis: In diesem Buch können natürlich obige Arbeitstechniken nicht immer beherzigt werden, weil so viele Modellierungsmöglichkeiten wie möglich in Solid Edge gezeigt werden sollen.

2.3 Erste Modellierungsschritte (Hülse als Extrusion)

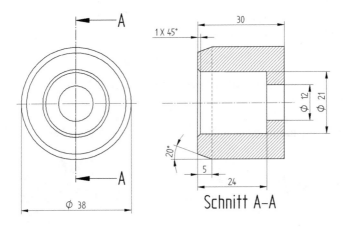

Schnitt A-A

Vorgehensweise

Modellieren des Solids als Extrusion; gegebene Werte aus Zeichnung: Durchmesser, Höhe

Einfügen der Bohrungen (als Formelement/Feature) in die Extrusion

Modellieren der beiden Fasen (als Features)

Datei neu erstellen:
1. ANWENDUNGSSCHALTFLÄCHE ⇒ NEU
2. din part.par auswählen ⇒ OK
3. Unter huelse1.par speichern

2.3.1 Modellieren des Solids als Extrusion

1. Menüleiste HOME (sollte voreingestellt sein)
2. Button EXTRUSION
3. Beliebige Referenzebene auswählen, Ansicht dreht sich in Skizzierebene
4. In Gruppe ZEICHNEN Button KREIS ÜBER MITTELPUNKT

 auswählen

5. Cursor zum Schnittpunkt der beiden Referenzebenen bewegen und den Mittelpunkt anklicken
6. ⌨ ⇒ in Formatierungsleiste Durchmesser <38 mm> eingeben
7.  (oder in Gruppe SCHLIEßEN ⇒ Skizze schließen SKIZZE SCHLIEßEN)

2.3 Erste Modellierungsschritte (Hülse als Extrusion)

8. In Formatierungsleiste Abstand <30 mm> eingeben ⇒

9. ⬛ auf einer Seite der Skizze klicken ⇒

10. FERTIG STELLEN ⇒ ABBRECHEN
11. Speichern der Arbeit ⇒ SPEICHERN

2.3.2 Einfügen der Bohrungen (als Feature)

1. Menüleiste HOME (sollte voreingestellt sein)
2. In Gruppe VOLUMENKÖRPER Button BOHRUNG auswählen

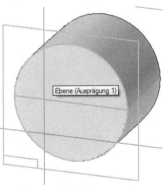

3. Stirnfläche der Hülse auswählen (siehe Bild)
4. Bohrloch beliebig platzieren

Hinweis: Bohrungsdurchmesser angeben ist hier nicht notwendig.

5. Button KONZENTRISCH 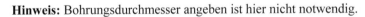 auswählen
6. Bohrloch anwählen

7. Kante der Hülse auswählen ⇒ (SKIZZE SCHLIEßEN)
8. Button BOHRUNGSOPTIONEN  auswählen
9. Option EINFACHE BOHRUNG auswählen
10. Bohrungsdurchmesser <12 mm> eingeben

11. Button ÜBER GANZES TEIL ⬚ auswählen
12. OK
13. Richtung wählen ⇒ ⬚ ⇒ FERTIG STELLEN
14. Speichern der Arbeit ⇒ SPEICHERN

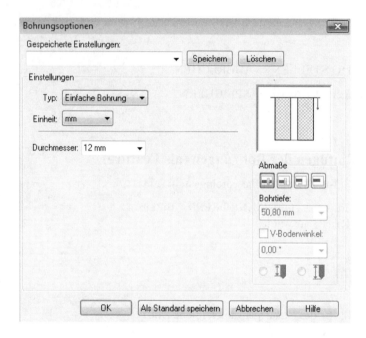

 Hinweis: Hier braucht man noch nicht auf ABBRECHEN drücken, da direkt im Anschluss die zweite Bohrung eingefügt wird.

Modellierung der zweiten Bohrung analog zur ersten:

Wiederholen der Schritte 2 – 13, anschließend ABBRECHEN drücken
⇒ Speichern der Arbeit ⇒ SPEICHERN

 Hinweis: In den Bohrungsoptionen darauf achten, dass bei den Abmaßen FESTGELEGTES ABMASS angeklickt ist.

2.3 Erste Modellierungsschritte (Hülse als Extrusion)

Hinweis: Für die Änderung von Formelementen wie z. B. einer Bohrung klickt man diese im PathFinder an und wählt mit der rechten Maustaste eine der folgenden Änderungsmöglichkeiten aus:

- DEFINITION BEARBEITEN ⇒ hier können Optionen angepasst werden.
- PROFIL BEARBEITEN ⇒ hier können Extrusionen und Skizzen geändert werden.
- DYNAMISCH BEARBEITEN ⇒ hier können Parameterwerte für Formelemente angepasst werden.

2.3.3 Modellieren der 1. Fase

1. Menüleiste HOME (sollte voreingestellt sein)

2. In Gruppe VOLUMENKÖRPER Button FASE auswählen
   Standardeinstellung ist die 45 °-Fase

3. Teil so rotieren, dass die Stirnseite der Hülse sichtbar ist, an der die 45 °-Fase konstruiert werden soll

4. Innere Kreislinie der Stirnseite auswählen

5. Fasenlänge <1 mm> eingeben ⇒ [⏎] ⇒ FERTIG STELLEN ⇒ ABBRECHEN

6. Speichern der Arbeit ⇒ DATEI ⇒ SPEICHERN

2.3.4 Modellieren der 2. Fase

1. Button FASE auswählen

2. Button FASENOPTIONEN  auswählen

3. Optionsfeld WINKEL UND FASENLÄNGEN

aktivieren ⇒ OK

4. Mantelfläche der Hülse als „Teilfläche" auswählen ⇒
5. Äußere Kreislinie als „Kante/Ecke" auswählen, an der die 20 °-Fase konstruiert werden soll
6. Fasenlänge <5 mm>, Winkel <20 Grad> eingeben

 ⇒ FERTIG STELLEN ⇒ ABBRECHEN

Hinweis: Durch gleichzeitiges Drücken der **Strg**-Taste können auch mehrere Formelemente gleichzeitig angewählt werden. Diese bekommen beim Ändern der Optionen alle die gleichen Eigenschaften.

2.3.5 Zuweisen fehlender Modelleigenschaften

1. Vergeben des Materials über Menüleiste PRÜFEN ⇒ Gruppe
PHYSIKALISCHE EIGENSCHAFTEN ⇒ EIGENSCHAFTEN

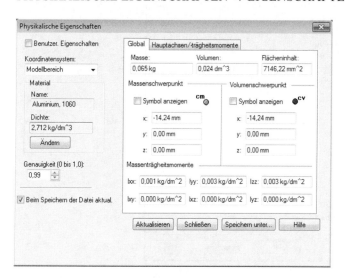

Dichte: ⇒ ÄNDERN ⇒ MATERIAL ⇒ ALUMINIUM, 1060 auswählen ⇒
MODELL ZUWEISEN ⇒ AKTUALISIEREN ⇒ SCHLIEßEN

2. Anpassen der Farbe über die Menüleiste ANSICHT ⇒ Gruppe
FORMATVORLAGE ⇒ TEIL FÄRBEN ⇒ Formatvorlage: GRAU wählen ⇒
Auswählen: KÖRPER ⇒ Körper im Arbeitsbereich anwählen ⇒ SCHLIEßEN

3. Vervollständigen der Dateieigenschaften über
ANWENDUNGSSCHALTFLÄCHE ⇒ EIGENSCHAFTEN ⇒
DATEIEIGENSCHAFTEN

4. Reiterkarte INFO ⇒ TITEL: <Hülse>

5. Reiterkarte PROJEKT ⇒ DOKUMENTNUMMER (entspricht auf der Technischen Zeichnung der Zeichnungsnummer): <100400-20>

6. Ausblenden aller Ebenen und Skizzen per auf Ebene/Skizze ⇒ AUSBLENDEN

7. Speichern der Arbeit ⇒ SPEICHERN

Hinweis: Mit gedrückter **Strg**-Taste können mit mehrere Elemente markiert und dann per ⇒ AUSBLENDEN ausgeblendet werden.

2.4 Kontrollfragen

1. Was ist ein Feature?
2. Durch welche Parameter wird ein Zylinder im 3D-Raum beschrieben?
3. Wie können Änderungen an Bauteilen schnell vorgenommen werden?
4. Wie wird die Modellierungstechnik von der Skizzenerstellung zum Volumenkörper noch genannt?

3 Volumenmodellierung im Skizzier-Modus

In diesem Kapitel werden die bereits erworbenen Kenntnisse zur Modellierung von Volumenkörpern weiter vertieft. Als erstes wird die bereits aus der Einführung bekannte Hülse modelliert. Dabei wird jedoch der Skizzier-Modus verwendet, um dem Anwender die Vielfältigkeit der Modellierungsmöglichkeiten aufzuzeigen und ihm einen Einblick in deren mögliche Vor- und Nachteile zu geben. Im Anschluss erfolgt noch die Erstellung eines zweiten Beispielkörpers als Volumenmodell, wobei ebenfalls wieder der Skizzier-Modus zum Einsatz kommt. Den Abschluss bilden wieder die Kontrollfragen.

Modellieren im Skizzier-Modus

- Erzeugen einer Skizzengeometrie
- Parametrisieren einer Geometrie
- Erzeugen von Beziehungen zwischen Geometrieelementen

Aufruf des Skizzierers

- Aufruf mit Hilfe des Buttons Skizze
- Referenzebene auswählen
- Skizzenfenster öffnet sich

Hinweis: Für eine spätere Parametrisierung von Produkten ist es aus Konsistenzgründen von 3D-CAD-Modellen **unabdingbar**, dass eine Skizze vollständig bestimmt ist, d. h. wenn alle Freiheitsgrade mit Hilfe von geometrischen (z. B. Kollinearität) und dimensionalen (z. B. Abstandsbemaßung) Bedingungen vergeben wurden. In Solid Edge wird dies über die Menüleiste PRÜFEN ⇒ Gruppe BEWERTEN ⇒ BEZIEHUNGSFARBEN geprüft. Dimensionale Bedingungen werden in schwarz dargestellt, Geometrieelemente in blau (in Vorgängerversionen von Solid Edge sind andere Farbdarstellungen möglich). Sobald geometrische Bedingungen für die Geometrieelemente verwendet werden, werden diese in schwarz dargestellt. Sind alle Geometrieelemente schwarz, so ist die Skizze vollständig bestimmt. Eine andere Möglichkeit ist, ob einzelne Elemente oder die gesamte Skizze mit der Maus hin und her gezogen werden können. Ist dies der Fall, so ist die Skizze unterbestimmt, im anderen Fall ist sie vollständig bestimmt.

Des Weiteren werden in Solid Edge überbestimmte Bemaßungen in der Farbe blau und bei anschließenden Maßänderungen mit unterstrichenem Parameterwert dargestellt, die sofort wieder gelöscht werden sollten.

3.1 Beispiel Hülse

Zeichnen der Linienkontur mit Rotieren und anschließendem Abziehen eines Zylinders für eine Bohrung

Vorgehensweise

1. Zeichnen einer halben Hülsenkontur
2. Rotieren der Zeichnung um 360 Grad
3. Einfügen der Bohrung (als AUSSCHNITT) in den Rotationskörper
4. Modellieren der beiden Fasen (als Feature und als Rotationsausschnitt)

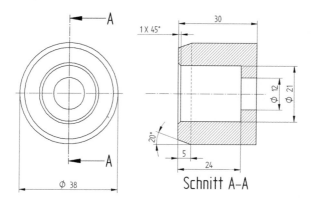

Durchführung der Aufgabe

1. Datei (.par) neu erstellen
2. Unter huelse2.par speichern

3.1.1 Zeichnen einer halben Hülsenkontur

1. Button SKIZZE anklicken

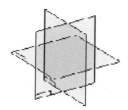

2. eine beliebige Ebene anklicken

3. in Gruppe ZEICHNEN Button Linie anklicken

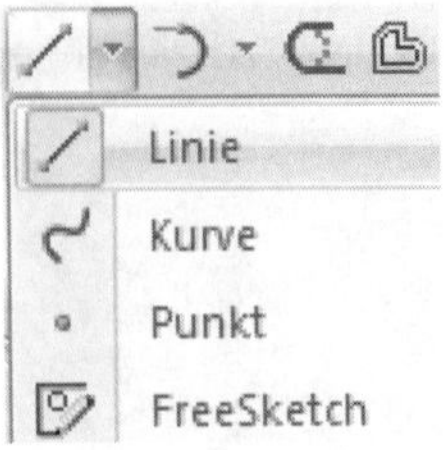

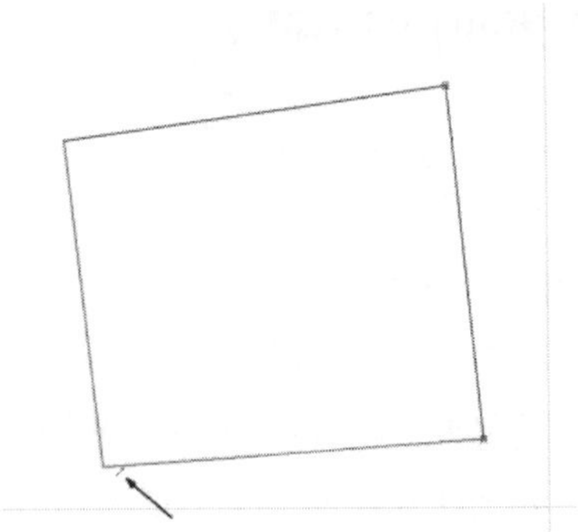

4. Zeichnen eines willkürlichen Vierecks (Darauf achten, dass der Kurvenzug geschlossen ist, Symbol für Linienende erscheint.)

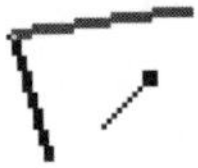

5. Button LINIE 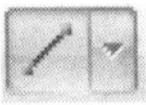 anklicken

6. Zeichnen eines Ausschnitts (Beenden mit )

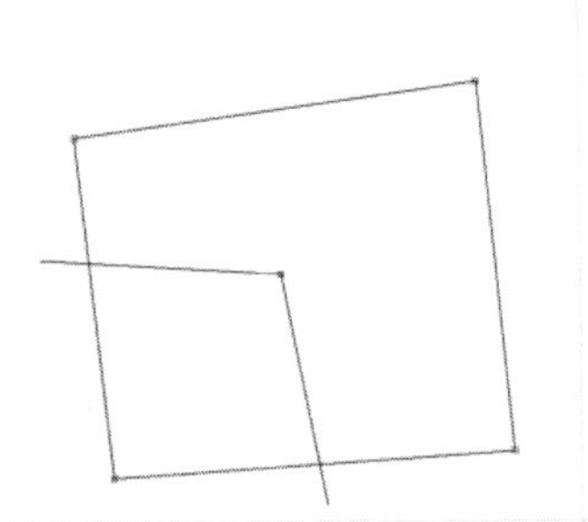

7. Button ECKENTRIMMEN 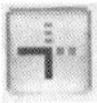 anklicken

8. Trimmen zu Winkelkontur (Linien 5 und 4 auswählen, der verbundene Linienzug bleibt dann erhalten. Analog Linie 3 und 2)

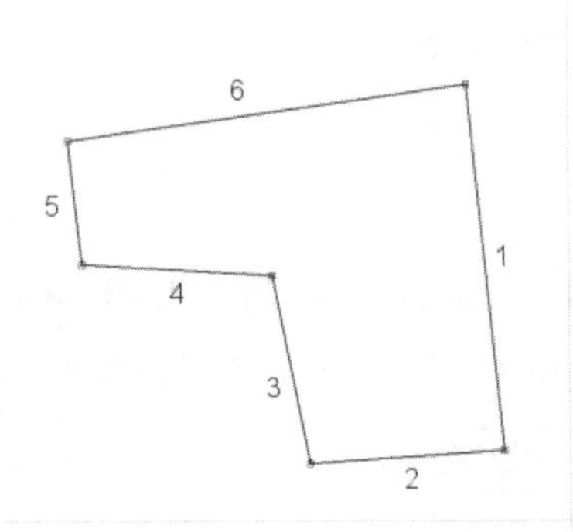

3.1.2 Bemaßen und Parametrisieren der einzelnen Linien

1. In Gruppe BEZIEHUNGEN ⇒ Button KOLINEAR  (deckungsgleich) anklicken
2. Linie 1 anwählen
3. Senkrechte Referenzebene anwählen
4. Linie 2 anwählen
5. Waagerechte Referenzebene anwählen
6. Button HORIZONTAL/VERTIKAL anklicken, Linien 3 bis 6 anwählen

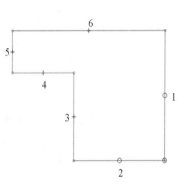

7. In Gruppe BEMAßEN Button SMARTDIMENSION anklicken
8. Linie 2 anwählen und bemaßen
9. Linie 6 anwählen und bemaßen
10. Button SYMMETRISCHER DURCHMESSER anklicken
11. Linie 2 anwählen
12. Linie 4 anwählen
13. Bemaßung platzieren
14. Korrektes Maß <21 mm> eingeben ⇒
15. Abstand zwischen Linie 2 und Linie 6 bemaßen <38 mm>
16. Test, ob Skizze vollständig bestimmt ist über Menüleiste PRÜFEN ⇒ Gruppe BEWERTEN ⇒ BEZIEHUNGSFARBEN

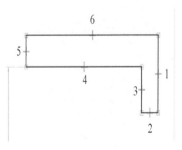

17.  (oder in Menüleiste HOME ⇒ Gruppe

SCHLIEßEN ⇒ schließen SKIZZE SCHLIE-
ßEN) ⇒ FERTIG STELLEN

3.1.3 Rotieren der Zeichnung um 360 Grad

1. in Gruppe VOLUMENKÖRPER Button

   ROTATION  anklicken

2. Auswahlfenster AUS SKIZZE WÄHLEN

    anklicken

3. Skizzenkontur als Kette anwählen

4. Button ⟨Akzeptieren⟩ anklicken

5. Linie 2 als Rotationsachse anwählen

6. Winkel 360 ° eingeben ⇒ ⟨↵⟩ ⇒ ▯

7. FERTIG STELLEN ⇒ ABBRECHEN

3.1.4 Modellieren der kleinen Bohrung (als Ausschnitt)

 Hinweis: Bohrungen sollten eigentlich immer mit dem Feature BOHRUNG erstellt werden. Das Feature AUSSCHNITT wurde hier gewählt, um den Dialog dieser Vorgehensweise an einem vereinfachten Beispiel kennenzulernen.

1. In Gruppe VOLUMENKÖRPER Button AUSSCHNITT ⇒ auf koinzidente Ebene umstellen

2. Untere Stirnfläche der Hülse auswählen, Ansicht dreht sich in Skizzierebene

3. In Gruppe ZEICHNEN Button KREIS ÜBER MITTELPUNKT  auswählen

4. 🖱 beliebig im Arbeitsbereich klicken

5. In Formatierungsleiste Durchmesser <12 mm> eingeben ⇒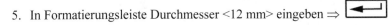

6. In Gruppe BEZIEHUNGEN Button konzentrisch ⊚ auswählen

7. Kreis anwählen ⇒ Kante des ersten Zylinders auswählen

8. Kreis verschiebt sich zum Mittelpunkt des Zylinders ⇒ ✓ (SKIZZE SCHLIEßEN)

9. Button ÜBER GANZES TEIL ⊟ auswählen

10. Richtung so wählen, dass die Bohrung durch die Hülse hindurch geht

11. 🖱 ⇒ FERTIG STELLEN ⇒ ABBRECHEN

3.1.5 Modellieren der beiden Fasen

Modellierung der Fase 1 x 45 ° als Feature siehe Abschnitt 2.3

Alternative für Fase 5 x 20 ° mit Hilfe des Rotationsausschnitts:

1. Button ROTATIONSAUSSCHNITT  anklicken

   Eine der Hilfsebenen anwählen (Nicht das Bauteil!)

2. In Gruppe ZEICHNEN ⇒ Button LINIE anklicken

3. Linie durch entsprechende Ecke zeichnen

4. In Gruppe BEZIEHUNGEN ⇒ Button VERBINDEN anklicken

5. Endpunkt der Linie mit der Mantellinie des Zylinders verbinden

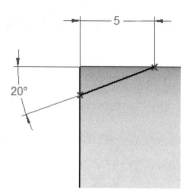

6. In Gruppe BEMAßEN ⇒ Button ABSTANDSBEMAßUNG anklicken

7. Abstand zwischen Schnittpunkt und Deckfläche bemaßen

8. Button WINKELBEMAßUNG anklicken, gezeichnete Linie im Körper und Mantellinie anwählen

9. Winkelmaß platzieren ⇒

10. Korrektes Maß eingeben ⇒

11. In Gruppe ZEICHNEN Button ROTATIONSACHSE anklicken

12. Mittellinie anwählen

13. (SKIZZE SCHLIEßEN)

14. Richtung (roter Pfeil) zum Material wegnehmen nach außen wählen ⇒ ▢
15. Winkel 360 ° eingeben ⇒ [↵] ⇒ ▢
16. FERTIG STELLEN ⇒ ABBRECHEN

3.1.6 Zuweisen fehlender Modelleigenschaften (siehe 2.3.5)

1. Teilefarbe: BLAU
2. Vervollständigen der Dateieigenschaften (Titel und Dokumentnummer)
3. Materialzuweisung: STAHL, ROSTFREI
4. Ausblenden aller Skizzen und Ebenen
5. Speichern der Arbeit

3.2 Beispiel Winkel

Zeichnen der Linienkontur mit Extrudieren und anschließendem Einfügen der Bohrungen

Vorgehensweise

- Zeichnen der L-Kontur des Winkels
- Extrudieren der L-Kontur des Winkels
- Einfügen der zwei Bohrungen

Datei neu erstellen:

Neue Part-Datei öffnen und unter <winkel.par> abspeichern

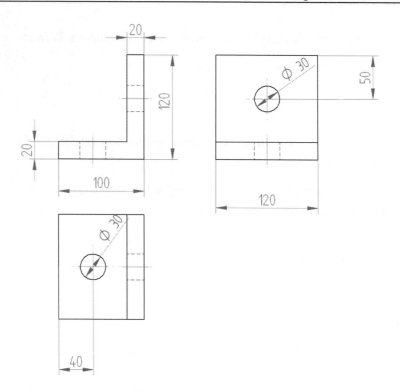

3.2.1 Skizzieren der L-Kontur des Winkels

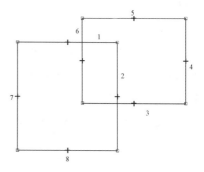

1. Button SKIZZE  anklicken
2. Beliebige Ebene anklicken
3. In Gruppe ZEICHNEN Button RECHTECK ÜBER 3 PUNKTE

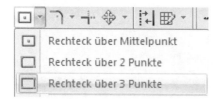

anklicken

3.2 Beispiel Winkel

4. 2 sich schneidende Rechtecke zeichnen
5. Button TRIMMEN anklicken
6. Linie 1 bis 6 trimmen
7. In Gruppe BEZIEHUNGEN Button KOLINEAR anklicken
8. Linie 7 anwählen
9. Senkrechte Referenzebene anwählen
10. Linie 8 anwählen
11. Waagerechte Referenzebene anwählen
12. In Gruppe BEMAßEN Button

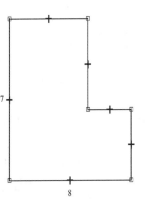

SMARTDIMENSION  anklicken
13. Skizze korrekt bemaßen
14. Test, ob Skizze vollständig bestimmt ist über Menüleiste PRÜFEN ⇒ Gruppe BEWERTEN ⇒ BEZIEHUNGSFARBEN
15. (SKIZZE SCHLIEßEN)

3.2.2 Extrudieren der L-Kontur des Winkels

1. In Gruppe VOLUMENKÖRPER Button EXTRUSION anklicken
2. Auswahlfenster AUS SKIZZE WÄHLEN

3 Volumenmodellierung im Skizzier-Modus

 anklicken

3. Skizzenkontur anwählen

4. Button ![Akzeptieren] anklicken

5. Umstellen auf ![Symbol] SYMMETRISCHES ABMAß

6. Abstand <120 mm> ⇒ ![Enter]

7. Arbeitsbereich ⇒ ▢

8. FERTIG STELLEN ⇒ ABBRECHEN

9. Optional: Skizze im PathFinder anklicken ⇒ über rechte Maustaste AUSBLENDEN

3.2.3 Einfügen der zwei Bohrungen

1. In Gruppe VOLUMENKÖRPER Button BOHRUNG  anklicken

2. Innenseite des Winkels anklicken

3. Bohrungsoptionen festlegen (siehe 2.3.2)

4. Bohrung mit dem Mittelpunkt beliebig auf die senkrechte Skizzierebene platzieren

3.2 Beispiel Winkel

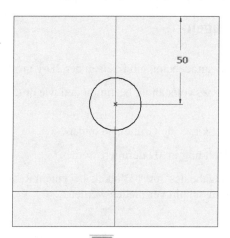

5. Button ABSTANDSBEMAßUNG anklicken
6. Abstände zwischen Bohrloch und Winkelkanten bemaßen
7. SKIZZE SCHLIEßEN
8. Richtung wählen ⇒ ⇒ FERTIG STELLEN
9. Analoges Vorgehen für zweite Bohrung

3.2.4 Zuweisen fehlender Modelleigenschaften (siehe 2.3.5)

1. Teilefarbe: GELB
2. Vervollständigen der Dateieigenschaften (Titel und Dokumentnummer)
3. Materialzuweisung: ZINK
4. Ausblenden aller Skizzen und Ebenen
5. Speichern des Modells

 Hinweis: Um die Befehlsfolgen besser lesbar zu machen, wird nur, wenn notwendig, der Namen der GRUPPE angegeben, in der sich die Funktionalität befindet.

3.3 Kontrollfragen

1. Wie viele Freiheitsgrade kann ein Kreis in der 2D-Umgebung haben?
2. Wann ist eine Skizze vollständig bestimmt und wie drückt sich dies in Solid Edge aus?
3. Wofür kann eine Skizze die Grundlage bilden?
4. Wie kann eine Bohrung in 3D definiert werden?
5. Wie kann die Eingabe des 360°-Winkels bei einem Rotationskörper oder einem Rotationsausschnitt vermieden werden?

4 Geometriemodellierung

Auch dieses Kapitel widmet sich der Geometriemodellierung. Es werden für den Zusammenbau im nachfolgenden Kapitel verschiedene Einzelteile einer kompletten Baugruppe erzeugt. Es handelt sich dabei um ein Drosselventil. Um die bereits kennengelernten Modellierungsmethoden zu vertiefen und neue Varianten und Aspekte bei der Erstellung von Volumenmodellen kennenzulernen, wurden bewusst verschiedene Methoden und Alternativen zur Erstellung der Einzelteile angewendet.

Gesamtvorgehensweise

- Erzeugen eines Hebels, eines Deckels, einer Welle, einer Ventilplatte und eines Gehäuses

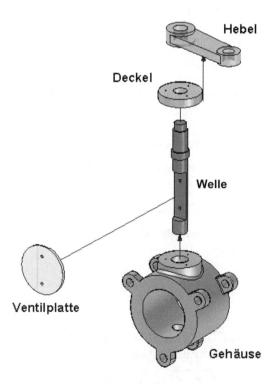

- Zusammenfügen der Einzelteile im nächsten Kapitel

4.1 Modellieren des Hebels

Allgemeine Vorgehensweise

- Extrudieren der beiden Augen jeweils aus einer separaten Skizze
- Extrudieren des Hebelmittelteiles aus einer separaten Skizze
- Einfügen der beiden Bohrungen

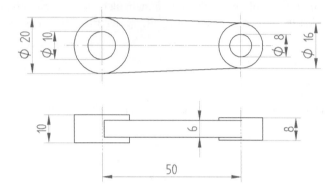

Datei neu erstellen:
Neue Part-Datei öffnen und unter <hebel.par> abspeichern

4.1.1 Erzeugen des ersten Auges

Erzeugen eines Zylinders mit Durchmesser <20 mm> als Extrusion (siehe 1. Übung):

- Mittelpunkt des Kreises in den Schnittpunkt der Ebenen legen
- Zylinder mit symmetrischem Abmaß extrudieren

Vorgehensweise:

1. Button SYMMETRISCHES ABMAß

    ☞ **Hinweis:** Mit UNSYMMETRISCHES ABMAß sind auch unsymmetrische Abmaße möglich

2. Abstand <10 mm> ⇒ ⇒ FERTIG STELLEN

4.1.2 Erzeugen des zweiten Auges

Vorgehensweise analog zum ersten Auge

Hinweise:

- Mittelpunkt des Kreises auf selbe Ebene legen, wie erstes Auge
- Abstand der Mittelpunkte mit Button ABSTANDSBEMAßUNG bemaßen ⇒ SKIZZE SCHLIEßEN ⇒ FERTIG STELLEN ⇒ ABBRECHEN

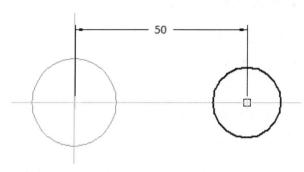

Zylinder mit SYMMETRISCHES ABMAß extrudieren

4.1.3 Erzeugen des Mittelteiles

1. Skizzierer wählen
2. Waagerechte Referenzebene auswählen
3. Skizzenfenster öffnet sich
4. Button LINIE  wählen
5. Linie 1 tangential zu beiden Kreisen zeichnen
6. Linie 2 senkrecht und ganz durch Kreis zeichnen
7. Linie 3 tangential zu beiden Kreisen zeichnen

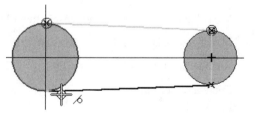

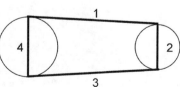

Hinweis:

 Bei der Verbindung von Linie 2 und 3 wird keine Tangentialität angezeigt.
Diese Beziehung kann nachträglich mit dem Button TANGENTIAL hergestellt werden.

8. Linie 4 senkrecht und bis Endpunkt von Linie 1 zeichnen ⇒ SKIZZE SCHLIEßEN ⇒ FERTIG STELLEN ⇒ ABBRECHEN

9. Button EXTRUSION ⇒ Auswahlfenster: AUS SKIZZE WÄHLEN ⇒ Skizze anklicken ⇒

10. Button SYMMETRISCHES ABMAß

11. Abstand <6 mm> ⇒ ⇒ FERTIG STELLEN ⇒ ABBRECHEN

4.1.4 Erzeugen der Bohrungen

Vorgehensweise analog zu Kapitel 2

(Einfügen der Bohrungen in den Zylindern KONZENTRISCH positionieren)

4.1.5 Zuweisen fehlender Modelleigenschaften (siehe 2.3.5)

1. Teilefarbe: BLAU

2. Vervollständigen der Dateieigenschaften (Titel und Dokumentnummer)

3. Materialzuweisung: STAHL, ROSTFREI

4. Ausblenden aller Skizzen und Ebenen

5. Speichern der Arbeit

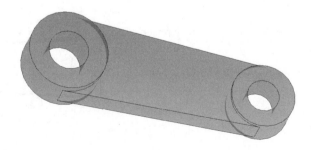

4.2 Modellieren des Deckels

Allgemeine Vorgehensweise

- Modellieren eines Zylinders
- Modellieren der inneren Bohrung
- Modellieren der drei äußeren Bohrungen

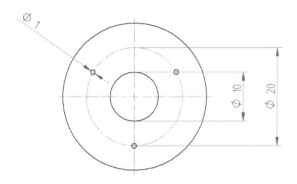
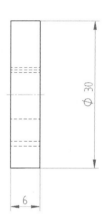

Modellieren des Zylinders und innerer Bohrung erfolgt analog zu Kapitel 2, dabei sollte der Mittelpunkt des Deckels in den Schnittpunkt der Ebenen liegen.

Im Folgenden ist die Vorgehensweise für eine der äußeren Bohrungen beschrieben:

1. Stirnfläche des Deckels auswählen ⇒ die BOHRUNGSOPTIONEN aufrufen

DURCHMESSER <1 mm> ⇒ BIS ZUR NÄCHSTEN TEILFLÄCHE ⇒ OK

2. Kreis beliebig platzieren

3. Button VERBINDEN klicken ⇒ Mittelpunkt Kreis anklicken und eine Achse anklicken

4. Abstandsbemaßung <10 mm> zur 2. Achse mit Button ABSTANDSBEMAßUNG

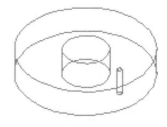

Nach Einbringen der ersten Bohrung Erzeugung der anderen Bohrungen als Muster:

Vorgehensweise:

1. In Gruppe MUSTER Button 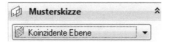 anklicken

2. Bohrung mit Durchmesser <1 mm> im PathFinder auswählen ⇒

3. Stirnfläche des Zylinders auswählen (koinzidente Ebene muss aktiviert sein)

4. In Gruppe FORMELEMENTE Button KREISMUSTER auswählen

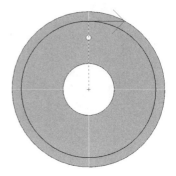

5. Kreis zeichnen, Mittelpunkt liegt im Mittelpunkt des Zylinders (Durchmesser spielt keine Rolle), vom Mittelpunkt ausgehender Strahl (gestrichelte Linie) geht durch Mittelpunkt der Bohrung ⇒

6. Drehrichtung wählen ⇒

7. In Formatierungsleiste Anzahl <3> eingeben ⇒

8. SKIZZE SCHLIEßEN ⇒ FERTIG STELLEN

9. **Hinweis:** Beim Bemustern von Formelementen auf SMART klicken, falls SCHNELL fehlschlägt

4.2.1 Zuweisen fehlender Modelleigenschaften (siehe 2.3.5)

1. Teilefarbe: GELB
2. Vervollständigen der Dateieigenschaften (Titel und Dokumentnummer)
3. Materialzuweisung: GUSSEISEN TYP 20
4. Ausblenden aller Skizzen und Ebenen
5. Speichern der Arbeit

4.3 Modellieren der Welle

Allgemeine Vorgehensweise

- Modellieren der Zylinder
- Modellieren eines Ausschnittes aus den Zylindern
- Einfügen der Bohrungen

Datei neu erstellen:

- Neue Part-Datei öffnen und unter <welle.par> abspeichern

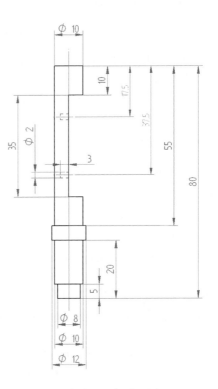

4.3.1 Erzeugen der Zylinder

- Zylinder mit Durchmesser <8 mm> und Höhe <5 mm> als Extrusion in beliebiger Ebene erzeugen

 Hinweis: Mittelpunkt des Kreises in den Schnittpunkt der Ebenen legen

Weiteres Vorgehen:

1. In Menüleiste HOME ⇒ Gruppe EBENEN ⇒ Button PARALLEL

2. Referenzebene, auf dem sich der erste Zylinder befindet, anwählen ⇒ Ziehen der parallelen Ebene

3. Abstand <20 mm> eingeben ⇒ ⬅

4. 🖱 oberhalb erster Ebene (d. h. in Richtung der Extrusion des ersten Zylinders) klicken

5. PARALLEL ⇒ Referenzebene anwählen ⇒ Ziehen der parallelen Ebene in gleiche Richtung wie vorige parallele erzeugte Ebene

6. Abstand <80 mm> ⇒ ⬅

7. 🖱 oberhalb erster Ebene klicken

8. Button EXTRUSION

9. Erste Ebene auswählen

10. Button KREIS ÜBER MITTELPUNKT 🔘

11. Kreis an beliebiger Stelle zeichnen mit Durchmesser <10 mm>

12. Kreis konzentrisch zu erstem Kreis anlegen 🔘 ⇒ SKIZZE SCHLIEßEN

13. Button ABMAß VON/BIS

14. 🖱 (zum Akzeptieren der Profilebene als Ausgangspunkt)

15. Obere Stirnfläche des ersten Zylinders auswählen ⇒ FERTIG STELLEN

4.3 Modellieren der Welle

16. Erzeugte zweite parallele Ebene auswählen
17. Button KREIS ÜBER MITTELPUNKT
18. Kreis an beliebiger Stelle zeichnen mit Durchmesser <10 mm>
19. Kreis konzentrisch zu erstem Kreis anlegen ⇒ SKIZZE SCHLIEßEN
20. Button FESTGELEGTES ABMAß
21. Abmaß <55 mm> ⇒
22. Richtung nach unten wählen und klicken ⇒ FERTIG STELLEN

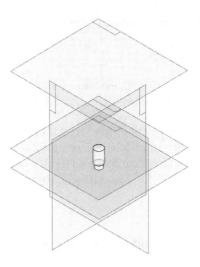

23. Stirnfläche des dritten Zylinders auswählen
24. Button KREIS ÜBER MITTELPUNKT
25. Kreis an beliebiger Stelle zeichnen mit Durchmesser <12 mm>
26. Kreis konzentrisch zu erstem Kreis anlegen ⇒ SKIZZE SCHLIEßEN

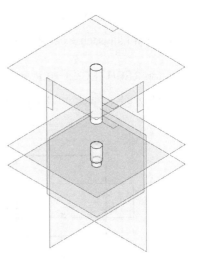

27. Button ABMAß VON/BIS

28. ⬜ (zum Akzeptieren der Profilebene als Ausgangspunkt)

29. Ebene mit ⬜ klicken, auf der die Stirnfläche des zweiten Zylinders liegt ⇒ FERTIG STELLEN ⇒ ABBRECHEN

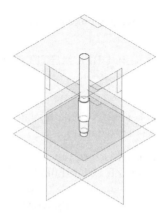

4.3.2 Modellieren des Ausschnittquaders

1. Button AUSSCHNITT
2. Ebene in Längsachse der Welle auswählen
3. Button RECHTECK ÜBER MITTELPUNKT
4. beliebiges Rechteck im Bereich des dritten Zylinders zeichnen

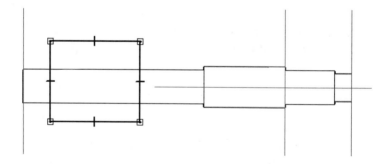

☞ **Hinweis:** Rechteck kann allein durch Zeichnen der Diagonalen erzeugt werden.

5. Button KOLINEAR

4.3 Modellieren der Welle

6. Die Waagerechten des Rechtecks in Übereinstimmung mit drittem Zylinder bringen

7. Button ABSTANDSBEMAßUNG

8. Linke Ebene auswählen, linke Senkrechte des Rechtecks bemaßen und korrektes Maß eingeben

9. Button ABSTANDSBEMAßUNG

10. Linke Ebene auswählen, rechte Senkrechte des Rechtecks bemaßen und korrektes Maß eingeben

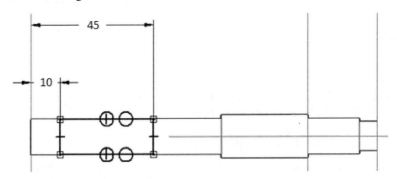

11. SKIZZE SCHLIEßEN

12. Button ZUR NÄCHSTEN TEILFLÄCHE

13. Richtung bestimmen

14. 🖱 im Arbeitsbereich

15. FERTIG STELLEN ⇒ ABBRECHEN

4.3.3 Erzeugen der Bohrungen

1. Button BOHRUNG
2. eine der beiden Bohrungen platzieren und bemaßen

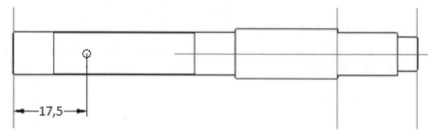

3. Button OPTIONEN
4. In Feld GESPEICHERTE EINSTELLUNGEN Name <Bohrung1> eingeben und SPEICHERN ⇒ SKIZZE SCHLIEßEN
5. Richtung wählen ⇒ ▢ ⇒ FERTIG STELLEN
6. Zweite Bohrung platzieren. Die Einstellungen dafür aus der Dropdown-Liste neben Bohroptionen auswählen ⇒ SKIZZE SCHLIEßEN
7. Richtung wählen ⇒ ▢ ⇒ FERTIG STELLEN ⇒ ABBRECHEN

4.3.4 Zuweisen fehlender Modelleigenschaften (siehe 2.3.5)

1. Teilefarbe: GRÜN
2. Vervollständigen der Dateieigenschaften (Titel und Dokumentnummer)
3. Materialzuweisung: GLAS, ALLGEMEIN
4. Ausblenden aller Skizzen und Ebenen
5. Speichern der Arbeit

4.4 Modellieren der Ventilplatte

 Hinweis: Es können beide Bohrungen auf einmal erstellt werden. Dazu bei Punkt 2 beide platzieren und Abstand bemaßen.

4.4 Modellieren der Ventilplatte

Allgemeine Vorgehensweise

- Modellieren des Zylinders aus symmetrischer Extrusion
- Modellieren eines Ausschnittes im Zylinder
- Einfügen der Bohrungen

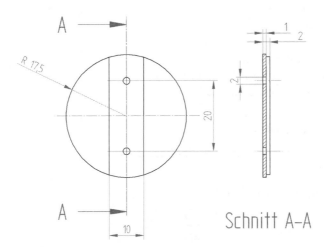

Datei neu erstellen:

Neue Part-Datei öffnen und unter <ventil.par> abspeichern

4.4.1 Erzeugen des Zylinders

Zylinder mit Durchmesser <35 mm> und Höhe <2 mm> als symmetrische Extrusion erzeugen

 Hinweis: Mittelpunkt des Kreises in den Schnittpunkt der Ebenen legen

Modellieren des Ausschnittquaders

1. Button AUSSCHNITT
2. Referenzebene anwählen, von der aus der Zylinder extrudiert wurde
3. Button RECHTECK ÜBER 2 PUNKTE

4. Beliebiges Rechteck zeichnen
5. Button TANGENTIAL
6. Waagerechten des Rechtecks in Übereinstimmung mit Zylinder bringen (mit dieser Vorgehensweise wird bei späterer Änderung des Durchmessers des Deckels automatisch die Länge des Rechtecks angepasst)
7. Button VERBINDEN
8. Mittelpunkt einer Waagerechten des Rechtecks auswählen
9. Senkrechte Ebene auswählen
10. Button SMARTDIMENSION
11. Eine Waagerechte des Rechtecks bemaßen und Maß korrigieren

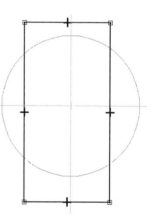

4.4 Modellieren der Ventilplatte

12. SKIZZE SCHLIEßEN

13. Button ZUR NÄCHSTEN TEILFLÄCHE klicken (damit ist gewährleistet, dass bei Änderung der Höhe des Deckels der halbe Ausschnitt gewahrt bleibt)

14. Richtung zu einer Seite der Zylinderdeckflächen bestimmen

15. im Arbeitsbereich ⇒ FERTIG STELLEN ⇒ ABBRECHEN

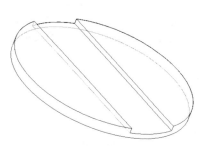

4.4.2 Erzeugen der Bohrungen

Erzeugen einer einfachen Bohrung als Feature (Button BOHRUNG)

Hinweis:
Bohrloch vom Mittelpunkt des Zylinders aus bemaßen

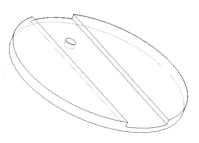

Zweite Bohrung:

1. Button MUSTER

2. Bohrung auswählen ⇒

3. Waagerechte Referenzebene auswählen

4. Button RECHTECKMUSTER

5. Bohrungsmittelpunkt als erstes selektieren

6. Rechteck in positive y-Richtung beliebig aufziehen

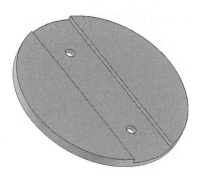

7. In Formatierungsleiste eingeben: x-Anzahl <2>, y-Anzahl <1>,Breite <20 mm>, Höhe <beliebiger Wert>, da nur eine Reihe vorhanden ist (eventuell müssen die Werte von x und y nachträglich im PathFinder mit rechter Maustaste über PROFIL BEARBEITEN vertauscht werden)

8. SKIZZE SCHLIEßEN ⇒ FERTIG STELLEN

4.4.3 Zuweisen fehlender Modelleigenschaften (siehe 2.3.5)

1. Teilefarbe: ORANGE
2. Vervollständigen der Dateieigenschaften (Titel und Dokumentnummer)
3. Materialzuweisung: POLYPROPYLEN, HOCHFEST
4. Ausblenden aller Skizzen und Ebenen
5. Speichern der Arbeit

4.5 Modellieren des Gehäuses

- Modellieren des Gehäusegrundkörpers aus symmetrischer Extrusion
- Modellieren des Flansches
- Kopieren des Flansches als Kreismuster („Instanzieren")
- Verrunden der Übergänge
- Einfügen der Bohrungen

4.5 Modellieren des Gehäuses

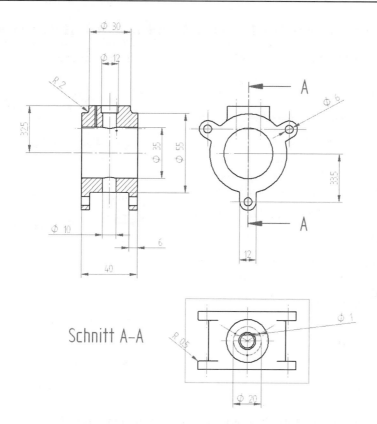

Datei neu erstellen:

Neue Part-Datei öffnen und unter <gehaeuse.par> abspeichern

4.5.1 Erzeugen des waagerechten Zylinders

Zylinder mit Durchmesser <55 mm> und Höhe <40 mm> als Extrusion erzeugen (auf Hauptebene mit SYMMETRISCHES ABMAß)

Hinweis:
Mittelpunkt des Kreises in den Schnittpunkt der Ebenen legen

4.5.2 Erzeugen des senkrechten Zylinders mittels Hilfsebenen

1. Button PARALLELE EBENE

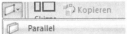

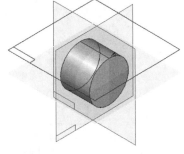

2. Waagerechte Referenzebene auswählen

   Bei eingestelltem Button

   EIGENPUNKTE  sind alle Eigenpunkte aktiviert, ansonsten:

3. Button EIGENPUNKTE (Flyout / siehe rechts) ⇒ TANGENTEN ⌖

4. Oberseite des waagerechten Zylinders auswählen (Symbol TANGENTIAL ⌖ erscheint) ⇒ 🖱

Alternativ für 1-4: Ebenen-Button TANGENTIAL auswählen ⇒ Zylinder anklicken ⇒ Winkel <90 Grad> ⇒ ⬅ ⇒ Richtung nach oben identifizieren ⇒ 🖱

4.5 Modellieren des Gehäuses

5. Button EXTRUSION
6. In Formatierungsleiste PARALLELEBENE wählen
7. Zuletzt erzeugte Referenzebene auswählen
8. Abstand <5 mm> ⇒ ⏎
9. 🖱 Oberhalb neuer Ebene klicken
10. Button KREIS ÜBER MITTELPUNKT
11. Kreis in Schnittpunkt der zwei Ebenen legen
12. Durchmesser <30 mm> ⇒ SKIZZE SCHLIEßEN
13. Button ZUR NÄCHSTEN TEILFLÄCHE
14. Richtung zur Mitte des waagerechten Zylinders wählen ⇒ 🖱
15. FERTIG STELLEN
16. ABBRECHEN

4.5.3 Modellieren des Flansches

1. Button EXTRUSION
2. Eine Stirnfläche des waagerechten Zylinders auswählen

   Button TANGENTENBOGEN

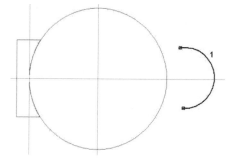

3. Bogen 1 willkürlich außerhalb des Zylinders zeichnen

4. Button LINIE

5. Linie 2 senkrecht von Bogen 1 bis zum Kreisrand des Zylinders zeichnen

6. Linie 3 senkrecht von Bogen 1 bis zum Kreisrand des Zylinders zeichnen

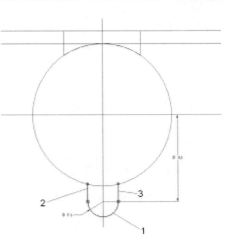

7. Button TANGENTIAL

8. Bogen 1, Linie 2 und Linie 3 bestimmen

9. Button VERBINDEN

10. Bogenmittelpunkt mit waagerechter Referenzebene verbinden

11. Button ABSTANDSBEMAßUNG

12. Abstand von senkrechter Referenzebene zum Zentrum von Bogen 1 bemaßen und Maß korrigieren <33,5 mm>

13. Button SMARTDIMENSION

14. Bogen bemaßen und Maß korrigieren mit Radius <6 mm> ⇒ SKIZZE SCHLIEßEN

4.5 Modellieren des Gehäuses

17. Pfeilrichtung zur Flanschmitte
18. Abstand <6 mm> ⇒ ⏎
19. Richtung zur Gehäusemitte hin bestimmen ⇒ 🖱
20. FERTIG STELLEN ⇒ ABBRECHEN

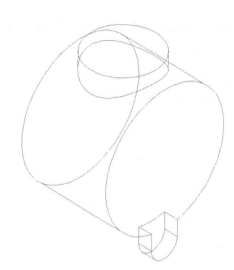

4.5.4 Modellieren der Flanschbohrung

Flanschbohrung als einfache Bohrung mit dem Durchmesser <6 mm> erzeugen

 Hinweis:
Bohrung konzentrisch zum Flanschbogen platzieren

4.5.5 Modellieren der Flanschverrundung

1. Modell drehen
2. Button VERRUNDUNG
3. Radius <0,5 mm>
4. Oberkanten des Flansches und Übergangskanten vom Flansch zum Gehäuse auswählen

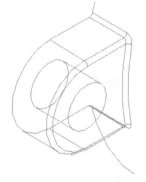

5. [Akzeptieren] ⇒ VORSCHAU ⇒ FERTIG STELLEN ⇒ ABBRECHEN

4.5.6 Kopieren des Flansches als Kreismuster

1. Button

2. Beim Bemustern von Formelementen auf SMART klicken, falls SCHNELL fehlschlägt

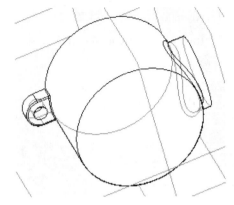

3. Flansch, Flanschbohrung und Verrundung auswählen (im PathFinder anklicken)

4.

5. Rückseitige Stirnfläche des Zylinders auswählen

6. Button KREISMUSTER

7. Kreis konzentrisch zu Zylinder zeichnen ⇒ Drehrichtung festlegen

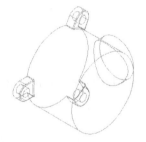

8. Anzahl <3> ⇒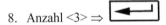

9. SKIZZE SCHLIEßEN

10. FERTIG STELLEN

4.5.7 Spiegeln der Flansche auf die andere Seite des Zylinders

1. In Gruppe MUSTER unter SPIEGELN Button FORMELEMENT SPIEGELN auswählen

   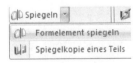

2. Button SMART
   (Schnellmuster funktioniert bei komplexeren Aktionen nicht mehr)

4.5 Modellieren des Gehäuses

3. Originalflansch, Bohrung, Verrundung und Muster 1 anwählen
   (im PathFinder) ⇒
4. senkrechte Referenzebene in der Längsachse des zweiten Zylinders auswählen
5. FERTIG STELLEN

4.5.8 Modellieren der großen Bohrung

Große Bohrung als einfache Bohrung mit dem Durchmesser <35 mm> erzeugen

☞ **Hinweis:** Bohrung konzentrisch zum Hauptzylinder platzieren

4.5.9 Modellieren der Bohrung für die Welle

1. Button BOHRUNG
2. Stirnfläche des senkrechten Zylinders auswählen
3. Bohrung mittels BOHROPTIONEN ▦ als STUFENBOHRUNG festlegen, Maße laut Zeichnung
4. Bohrloch konzentrisch zum senkrechten Zylinder platzieren
5. Button BOHRUNG ⇒ ÜBER GANZES TEIL ▦ klicken
6. Richtung identifizieren mit ▢
7. FERTIG STELLEN ⇒ ABBRECHEN

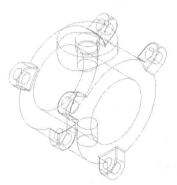

4.5.10 Modellieren der Bohrungen für den Deckel

1. Erzeugung einer einfachen Bohrung mit dem Durchmesser <1 mm> und dem Abstand <10 mm> von der Mittelachse des senkrechten Zylinders

2. Bohrung auf senkrechter Referenzebene platzieren

3. In BOHROPTIONEN:
   ⇒ ZUR NÄCHSTEN
   TEILFLÄCHE 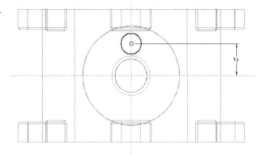 wählen
   ⇒ FERTIG STELLEN ⇒
   ABBRECHEN

4.5.11 Kopieren der Bohrung als Kreismuster

Die restlichen zwei Bohrungen als Kreismuster erzeugen, Mustermittelpunkt ist die Stufenbohrung

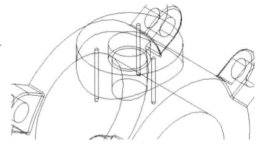

4.5.12 Modellieren der Gehäuseverrundung

1. Button VERRUNDUNG

2. Übergangskante zwischen Gehäusezylindern auswählen

3. Radius <2 mm>

4. [Akzeptieren]

5. VORSCHAU ⇒
   FERTIG STELLEN ⇒
   ABBRECHEN

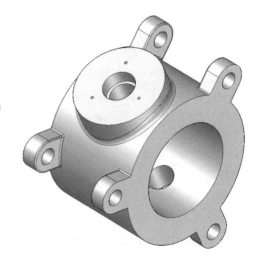

4.5.13 Zuweisen fehlender Modelleigenschaften (siehe 2.3.5)

1. Teilefarbe: SILBER
2. Vervollständigen der Dateieigenschaften (Titel und Dokumentnummer)
3. Materialzuweisung: BRONZE, 90 %
4. Ausblenden aller Skizzen und Ebenen
5. Speichern der Arbeit

4.6 Kontrollfragen

1. Welche Möglichkeiten in Solid Edge gibt es, einzelne Formelemente auf schnellem Weg zu vervielfältigen?
2. Warum ist die Verwendung von Mustern bei der Erzeugung gleichartiger Formelemente sinnvoll?
3. Welche Möglichkeiten zur Erstellung von Mustern gibt es in Solid Edge?
4. Welche Vorgehensweise ist normalerweise beim Modellieren der Welle sinnvoll?
5. Welche Vorgehensweise wäre beim Modellieren des Ausschnitts der Welle am besten gewesen?
6. Mit welcher Einstellung der Bohrungsoption hätten die beiden Bohrungen der Hülse aus Kapitel 2 noch einfacher erstellt werden können?
7. Welche Möglichkeit und damit geeignetere Vorgehensweise hätte sich zur Erzeugung der zweiten Bohrung in der Welle geeignet?

5 Zusammenbau (Assemblies)

Dieses Kapitel befasst sich mit dem Zusammenfügen von Einzelteilen zu Baugruppen. Im ersten Abschnitt erfolgt hierzu eine Erläuterung grundlegender Definitionen und Anordnungsbeziehungen von Bauteilen. Im Anschluss daran werden die spezifischen Symbolleisten und unterschiedlichen Buttons erklärt. Der nächste Abschnitt beinhaltet den Zusammenbau einer kompletten Baugruppe aus den Einzelteilen aus Kapitel 4. Im folgenden Abschnitt wird beispielhaft ein zusätzliches Einzelteil (Blindflansch) direkt in der Baugruppe erzeugt. Dabei werden Geometriemerkmale der Baugruppe zur Modellierung mitverwendet. Den vorletzten Abschnitt bilden das Hinzufügen einer Baugruppe bestehend aus einer Schraube und Scheibe sowie das Erzeugen von Bauteilmustern. Anschließend erfolgt eine kurze Einführung in die Kollisionsanalyse, danach wieder einige Kontrollfragen.

5.1 Zusammenbauoptionen

5.1.1 Definitionen

Assembly — Sammlung von zusammengehörigen Teilen (Baugruppe), die auch aus Unterbaugruppen bestehen kann. In Solid Edge sind Assemblies grundsätzlich durch die Erweiterung *.asm* gekennzeichnet.

Komponente — Einzelteil oder Unterbaugruppe

Bottom-Up Modelling — Komponenten existieren bereits als isoliertes Modell und werden als solches behandelt. Wird die Komponente verändert, so hat das ein Update der Assembly-Datei zur Folge, sobald diese erneut aufgerufen wird.

Beziehung — Bedingungen, die für die einzelnen Komponenten Gültigkeit haben. Jede Komponente kann ein oder mehrere solcher Bedingungen besitzen. Sie definiert die geometrische Lage innerhalb der Baugruppe.

Mit der Solid Edge-Assembly-Umgebung können komplexe Baugruppen konstruiert werden.

5.2 Erläuterungen zur anwendungsspezifischen Symbolleiste

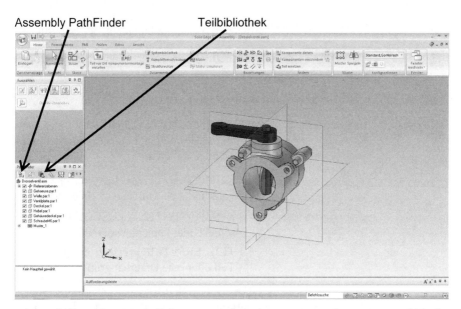

Die Aufteilung der Symbolleisten entspricht der Part-Umgebung. Der PathFinder hat in der Assembly-Umgebung eine noch größere Bedeutung.

5.2 Erläuterungen zur anwendungsspezifischen Symbolleiste

Auswählen	AUSWÄHLEN [eines Elementes]	
Skizze	Abriss / Kopieren / Komponente	SKIZZE [erstellt eine Skizze auf einer zweidimensionalen Struktur, auf der Komponenten platziert werden können] Bedienung der anderen Befehle erfolgt wie in PART
Komponentenmontage	KOMPONENTENMONTAGE [erstellt Beziehungen zwischen Baugruppenkomponenten]	
	CAPTUREFIT [speichert Beziehungen für die Platzierung]	
	BAUGRUPPEN-BEZIEHUNGSASSISTENT [weist ausgewählten Teilen Baugruppenbeziehungen zu]	
	Systembibliothek [erstellt ein Systembibliotheks-Dokument aus der offenen Baugruppe]	

⬚	Komplettverschraubung [platziert Verschraubungen in der Baugruppe]		
⬚	Struktureditor [erstellt virtuelle Komponenten und bearbeitet die Struktur der Baugruppe]		
⬚	FIXIEREN [fixiert das ausgewählte Teil]		
⬚ Motor	⬚ Motor ⬚ Motor simulieren	MOTOR [erstellt einen Dreh- oder Linearmotor, um die Bewegung an einem unterdefinierten Teil zu simulieren]	
	Komponente ziehen Komponenten verschieben Teil ersetzen	KOMPONENTE ZIEHEN [verschiebt unvollständig bestimmte oder fixierte Teile]	
		KOMPONENTEN VERSCHIEBEN [verschiebt oder kopiert ausgewählte Teile]	
		TEIL ERSETZEN [ersetzt ein gewähltes Teil oder eine Unterbaugruppe]	
	Struktur ändern Verteilen	STRUKTUR ÄNDERN [verschiebt ausgewählte Vorkommnisse zu einer neuen oder vorhandenen Baugruppe]	
		VERTEILEN [einer Unterbaugruppe, indem die Teile der nächst höheren Unterbaugruppe zugewiesen werden und die Referenz zur vorhandenen Unterbaugruppe entfernt wird]	
⬚ Spiegeln	SPIEGELN [spiegelt ausgewählte Baugruppenkomponenten]		
⬚ Muster	MUSTER [erstellt ein aus den markierten Teilen bestehendes Muster]		
⬚	KOORDINATENSYSTEM [erstellt ein benutzerdefiniertes Koordinatensystem]		
⬚	Parallel Winkel Senkrecht Koinzident über Achse Senkrecht zu Kurve Über 3 Punkte Tangential	Referenzebenen [erzeugt Referenzebenen → Bedienung wie in PART]	

5.3 Erläuterung der Funktionen unter Anwendung der rechten Maustaste

Die rechte Maustaste kann für folgende Vorgänge verwendet werden:

- EIN- und AUSBLENDEN bestimmter Komponenten kann dazu verwendet werden, die Übersichtlichkeit der Darstellung zu erhöhen. Das Auffinden und Auswählen benötigter Teile wird dadurch beschleunigt.

- KOMPONENTE EIN-/AUSBLENDEN Hier können im Zusammenbau Komponenten eines Einzelteils ein oder ausgeblendet werden (z. B. Skizzen und Referenzebenen), die mit anderen Teilen verknüpft werden können.

- AKTIVIEREN und DEAKTIVIEREN werden verwendet, wenn Teile nicht ausgeblendet werden können. Diese werden dann weiterhin angezeigt, belegen aber weniger Arbeitsspeicher und erhöhen somit die Arbeitsgeschwindigkeit des Systems. Deaktivierte Teile werden automatisch aktiviert, wenn sie zur Positionierung eines anderen Teils verwendet werden oder sie durch die Befehle BEARBEITEN bzw. ÖFFNEN in der Part-Umgebung geöffnet werden. Deaktivierte Teile sind farblich vom Rest einer Baugruppe abgesetzt.

Baugruppenformelemente erzeugen Formelemente über die ganze Baugruppe → Bedienung erfolgt wie in PART: Erreichbar in der Assembly-Umgebung über Menüleiste FORMELEMENTE ⇒ Gruppe BAUGRUPPENFORMELEMENTE

5.4 Erläuterung der verschiedenen Beziehungstypen

Beim Einfügen eines neuen Elements erscheint in der Formatierungsleiste nebenstehendes Dropdown-Menü.

FLASHFIT platziert aufgrund des ausgewählten Elementtyps eine An-/Aufsetzbeziehung, planare Ausrichtungsbeziehung, axiale Ausrichtungsbeziehung oder Verbindungsbeziehung.

AN-/AUFSETZEN definiert zwei Flächen als parallel zueinander. Es ist möglich, einen Abstand (Offset) anzugeben.

FLÄCHE auf FLÄCHE

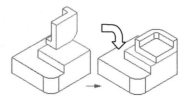

PLANAR AUSRICHTEN richtet planare Flächen gegeneinander aus

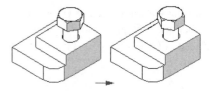

5.4 Erläuterung der verschiedenen Beziehungstypen

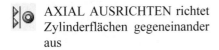 AXIAL AUSRICHTEN richtet Zylinderflächen gegeneinander aus

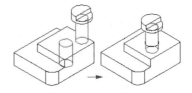

EINFÜGEN wird zum Platzieren von achsensymmetrischen Teilen verwendet. Der Befehl EINFÜGEN kombiniert eine An-/Aufsetzbeziehung und eine axiale Ausrichtungsbeziehung. Ein Drehwinkel kann dabei nicht bestimmt werden!

PARALLEL identifiziert das Teil, das in der Baugruppe an- oder aufgesetzt werden soll. Dieser Befehl ist nur dann aktiv, wenn einem bereits in der Baugruppe vorhandenen Teil eine Beziehung hinzugefügt oder eine Unterbaugruppe platziert wurde. Beim Platzieren von neuen Teilen in die Baugruppe ist dieser Befehl abgeblendet.

VERBINDEN positioniert einen Eigenpunkt eines Teils auf einen Eigenpunkt, eine Linie oder Teilfläche eines anderen Teils.

WINKEL definiert eine Winkelbeziehung zwischen zwei Bauteilen. Der Winkelwert der Beziehung kann geändert werden, um das Teil in der Baugruppe zu drehen.

TANGENTIAL legt zwei Elemente als tangential zueinander fest. Der Befehl ist auf zwei Bögen oder einen Bogen und eine Linie anwendbar.

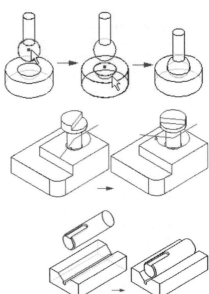

GEFÜHRT weist eine Führungsbeziehung zwischen einer geschlossenen Schleife von tangentialen Teilflächen eines Teils (A) und einer einzelnen nachfolgenden Teilfläche eines anderen Teils (B) aus. Bei der nachfolgenden Teilfläche kann es sich um eine Ebene, einen Zylinder, eine Kugel oder einen Punkt handeln.

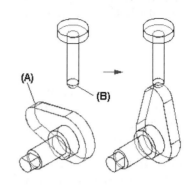

Vgl. Nockenwelle

GETRIEBE weist eine Getriebebeziehung zwischen zwei Teilen in einer Baugruppe zu. Mit Getriebebeziehungen kann festgelegt werden, wie sich ein Teil relativ zu einem anderen Teil bewegt.

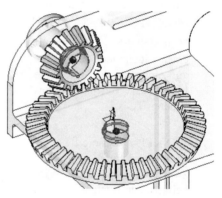

KOORDINATENSYSTEME AUSRICHTEN positioniert ein Teil in einer Baugruppe, indem die x-, y- und z-Achsen eines Koordinatensystems des zu platzierenden Teils mit den x-, y- und z-Achsen eines Koordinatensystems eines Teils ausgerichtet werden, das bereits in der Baugruppe vorhanden ist.

5.5 Erläuterung der Symbole im Assembly PathFinder

Aktives Teil

Deaktiviertes Teil

Ausgeblendetes Teil

Entladenes Teil

Nicht vollständig positioniertes Teil

Teil mit inkompatiblen Beziehungen

5.6 Zusammenbau des Drosselventils

Datei neu erstellen:

1. ANWENDUNGSSCHALTFLÄCHE ⇒ NEU
2. din assembly.asm auswählen ⇒ OK
3. Unter drosselventil.asm speichern

Hinweise:

1. Es ist darauf zu achten, dass die Option AUTOMATISCH AKTUALISIEREN in der Menüleiste EXTRAS ⇒ Gruppe VERKNÜPFUNGEN ⇒ AUTOMATISCH AKTUALISIEREN eingeschaltet ist.

2. Zum einfacheren Verbinden von Teilen empfiehlt es sich, die Referenzebenen mit rechter Maustaste im PathFinder auszublenden, um die Auswahlmöglichkeiten der Verbindungselemente einzuschränken.

5.6.1 Einfügen des Gehäuses

1. Im PathFinder die TEILBIBLIOTHEK aktivieren

2. Einstellen des Pfads zu <"gehaeuse"> in der Drop-Down-Liste

3. <"gehaeuse"> auswählen ⇒ in den Arbeitsbereich ziehen

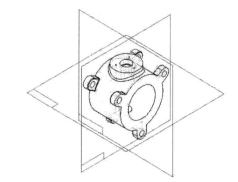

5.6.2 Einfügen der Welle

1. Über den PathFinder ⇒ TEILBIBLIOTHEK

2. <"welle"> Doppelklick

3. Welle erscheint im Hauptarbeitsfenster

4. In der Formatierungsleiste wird angezeigt „Beziehung wird erstellt 1"

5. Auf Button ZUSAMMENBAU BEZIEHUNGSTYPEN drücken und für Verknüpfung Fläche auf Fläche Befehl AN-/AUFSETZEN ▷|◁ einstellen

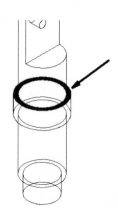

5.6 Zusammenbau des Drosselventils 77

6. Wellenbund selektieren (Fläche ist zur besseren Erkennbarkeit farblich hervorgehoben)

7. Absatz der Senkbohrung im Gehäuse auswählen

8. Welle wird eingefügt

9. In der Beziehungsliste wird angezeigt „Beziehung wird erstellt 2"

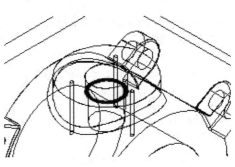

10. Reiterkarte PATHFINDER zeigt an, dass die Welle noch nicht vollständig festgelegt ist: . Weitere Beziehungen sind notwendig

11. Button AXIAL AUSRICHTEN einstellen

12. Mantelfläche des Wellenbundes wählen (siehe Bild)

13. Bohrung im Gehäuse anwählen

14. In der Beziehungsliste wird angezeigt „Beziehung wird erstellt 3"

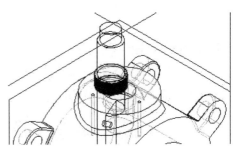

Die dritte Beziehung als Winkelbeziehung definieren:

1. Button WINKEL ⊿ einstellen
2. Abflachung der Welle auswählen
3. Eine Stirnfläche des Gehäuses auswählen
4. Welle ist vollständig bestimmt.

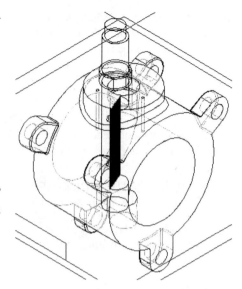

Der Winkel kann später z. B. auf 20° durch Anklicken der Beziehung im PATHFINDER geändert werden.

Alternativer Weg:

1. Mantelfläche der Senkbohrung auswählen
2. Teil ist noch nicht vollständig bestimmt.
3. Button PLANAR AUSRICHTEN
4. Button VERÄNDERLICHER OFFSET ⇄
5. Abflachung der Welle auswählen
6. eine Stirnfläche des Gehäuses auswählen
7. Welle ist vollständig bestimmt.

Ausblenden des Gehäuses für bessere Übersichtlichkeit:

1. Gehäuse über rechte Maustaste 🖱 im PathFinder auswählen
2. AUSBLENDEN

5.6 Zusammenbau des Drosselventils

5.6.3 Einfügen der Ventilplatte

1. Über TEILBIBLIOTHEK
2. <"ventil"> Doppelklick
3. AN-/AUFSETZEN ▷|◁
4. Ebene Ausschnittfläche der Platte wählen (siehe Bild)
5. Abflachung der Welle wählen
6. Beide Bohrungen der Platte axial mit denen der Welle positionieren

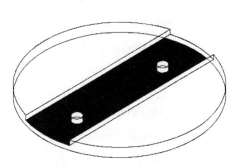

5.6.4 Einblenden des Gehäuses

1. Gehäuse über den PathFinder wieder einblenden
2. mit rechter Maustaste ⌴ Gehäuse anwählen
3. EINBLENDEN
4. Das Aktivieren des Gehäuses erfolgt automatisch bei Bedarf.

Ausblenden und Deaktivieren von Ventilplatte und Welle für bessere Übersichtlichkeit:

Ventilplatte und Welle im PathFinder ⌴ selektieren ⇒ rechte Maustaste ⌴ ⇒ AUSBLENDEN

5.6.5 Einfügen des Deckels

1. Über den PathFinder ⇒
   TEILBIBLIOTHEK
2. <"deckel"> Doppelklick
3. Button AN-/AUFSETZEN
4. Offset <0 mm> ist voreingestellt.
5. Eine Stirnfläche des Deckels wählen

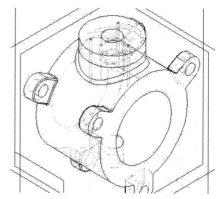

6. Stirnfläche des senkrechten Zylinders im Gehäuse selektieren
7. Deckel wird platziert
8. Button AXIAL AUSRICHTEN
9. Mantelfläche der zentralen Bohrung im Deckel auswählen
10. Mantelfläche der Stufenbohrung im Gehäuse auswählen
11. Mantelfläche einer Befestigungsbohrung im Deckel auswählen
12. Mantelfläche einer Befestigungsbohrung im Gehäuse auswählen

5.6.6 Einblenden der Welle und Ausblenden des Gehäuses

1. Welle im PathFinder selektieren
2. rechte Maustaste
3. EINBLENDEN

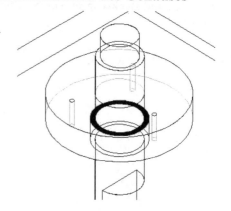

Ausblenden des Gehäuses für bessere Übersichtlichkeit:

Gehäuse ausblenden und damit deaktivieren

5.6.7 Einfügen des Hebels

1. Über den PathFinder ⇒ TEILBIBLIOTHEK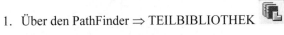
2. <"hebel"> Doppelklick
3. Button AXIAL AUSRICHTEN
4. Mantelfläche der größeren Bohrung im Hebel wählen
5. Eine Mantelfläche der Welle selektieren
6. Button AN-/AUFSETZEN
7. Eine Stirnfläche des größeren Hebelauges selektieren
8. Obere Stirnfläche des Deckels selektieren
9. Button WINKEL
10. Seitenfläche des Hebels selektieren
11. Abflachung der Welle selektieren
12. Hebel ist vollständig bestimmt.
13. Button AUSWÄHLEN ⇒ Hebel im PathFinder anklicken
14. AN-/AUFSETZEN-Beziehung anklicken und Offsetabstand auf 0,5 mm ändern ⇒
15. Winkelbeziehung anklicken und Winkel auf ca. 2,7 Grad einstellen ⇒

2. Alternativer Weg:

1. Über den PathFinder ⇒ TEILBIBLIOTHEK

2. <hebel.par> Doppelklick

3. Button EINFÜGEN

4. Mantelfläche der größeren Bohrung im Hebel wählen

5. Eine Mantelfläche der Welle selektieren

6. Eine Stirnfläche des größeren Hebelauges selektieren

7. Stirnfläche des Wellenbundes auswählen

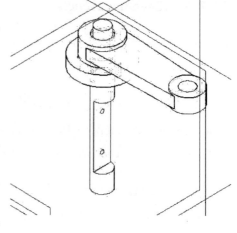

8. Button FESTER OFFSET  <6 mm> (Dicke des Deckels) ⇒ OK

9. Button WINKEL

10. Seitenfläche des Hebels selektieren

11. Abflachung der Welle selektieren

12. Winkelbeziehung anklicken und Winkel auf ca. 2,7 einstellen ⇒

Elegantere Methode:

1. Über den PathFinder ⇒ TEILBIBLIOTHEK

2. <hebel.par> Doppelklick

3. Ausblenden von Ventilplatte, Deckel und Gehäuse

4. Einblenden der Referenzebenen der Welle durch Anklicken der Welle im PathFinder mit rechter Maustaste ⇒ KOMPONENTE EIN-/AUSBLENDEN ⇒ REFERENZEBENEN

5. Wiederholung von Schritt 4 für den Hebel

6. In Statusleiste ⇒ DEFINITION BEARBEITEN

5.6 Zusammenbau des Drosselventils

7. Button An-/AuFSETZEN
8. Ebene H2 anklicken

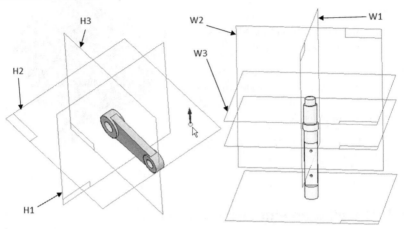

9. Ebene W1 anklicken
   Hinweis: Bei der ersten Positionierung muss nicht zwingend ein veränderliches Offset wie bei den Schritten 10 und 12 erstellt werden.
10. Ebene H1 anklicken ⇒ Button AN-/AUFSETZEN – VERÄNDERLICHER OFFSET ⇒ Ebene W2 anklicken
11. Erstellte Beziehung im PathFinder auswählen und Ebenenabstand von H1 und W2 auf "0" setzen
12. Ebene H3 anklicken ⇒ Button AN-/AUFSETZEN – VERÄNDERLICHER OFFSET ⇒ Ebene W3 anklicken
13. Erstellte Beziehung im PathFinder auswählen und Ebenenabstand von H3 und W3 auf <9mm> setzen

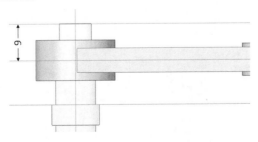

5.6.8 Einblenden der übrigen Teile und der Referenzebenen

1. Gehäuse im PathFinder ![icon] selektieren
2. Im PathFinder mit rechter Maustaste übrige Teile einblenden
3. Falls die Referenzebenen ausgeblendet wurden, werden sie nun im PathFinder mit rechter Maustaste wieder eingeblendet.
4. Speichern des bisher erzielten Ergebnisses

5.7 Modellieren eines Blindflansches

5.7.1 Extrudieren aus Gehäuseumriss

1. Zur besseren Übersicht alle Teile, bis auf das Gehäuse selbst, ausblenden
2. Über den Pathfinder ⇒ TEILBIBLIOTHEK
3. Button VOR ORT ERSTELLEN
4. Dateiname: <blindflansch.par>
5. Dateiablage auf Optionsfeld NEUER ABLAGEORT einstellen
6. Optionsfeld GRAPHISCHE EINGABE ⇒ Button ERSTELLEN UND BEARBEITEN

5.7 Modellieren eines Blindflansches

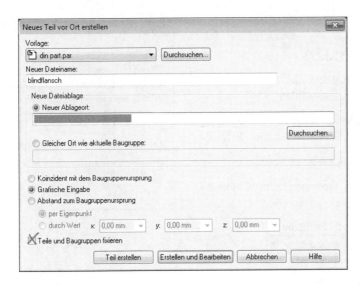

7. Gehäuse auswählen

8. Eine Stirnfläche des Gehäuses auswählen

9. Fläche einer Komponente, die senkrecht zur vorher ausgewählten Stirnfläche des Gehäuses ist, auswählen (hier am besten die senkrechte Referenzebene des Zusammenbaus)

10. Einen Endpunkt der neu erschienenen Linie anklicken

11. Im Hauptarbeitsfenster mit der Maus über die innere Kreiskante der unter Schritt 7 ausgewählten Stirnfläche des Gehäuses fahren, bis ein Punkt konzentrisch zum Mittelpunkt erscheint ⇒ linke Maustaste

12. Part-Fenster öffnet sich.

13. Button SKIZZE

14. Referenzebene an der Gehäusestirnseite auswählen

15. Menüleiste HOME ⇒ Gruppe ZEICHNEN ⇒ Button EINBEZIEHEN

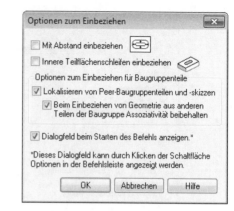

16. Fenster Optionen zum Einbeziehen öffnet sich ⇒ OK

17. Einfache Teilfläche

auswählen

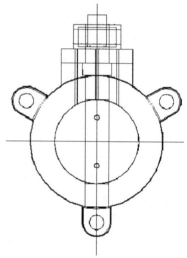

18. Umriss der Gehäusestirnseite auswählen ⇒ Akzeptieren

19. SKIZZE SCHLIEßEN

20. FERTIG STELLEN ⇒ ABBRECHEN

21. Button EXTRUSION

5.8 Einfügen einer Unterbaugruppe

22. Auswahlfenster
    AUS SKIZZE WÄHLEN klicken
23. Erzeugte Skizze auswählen ⇒

24. Abstand <15 mm> ⇒
    Richtung festlegen
25. FERTIG STELLEN ⇒
    ABBRECHEN

5.7.2 Einfügen der Bohrungen in den Blindflansch

1. Button BOHRUNG

2. Stirnseite des Blindflansches auswählen

3. Drei Bohrungen mit Durchmesser <6 mm> konzentrisch zu den Rundungen platzieren ⇒ SKIZZE SCHLIEßEN

4. Richtung festlegen ⇒ FERTIG STELLEN ⇒ ABBRECHEN

5. ANWENDUNGSSCHALTFLÄCHE ⇒ SCHLIEßEN ⇒ SCHLIEßEN UND ZURÜCK

5.8 Einfügen einer Unterbaugruppe

5.8.1 Modellieren der Einzelteile

Vorgehensweise:

1. Modellieren einer Schraube
2. Modellieren einer Scheibe

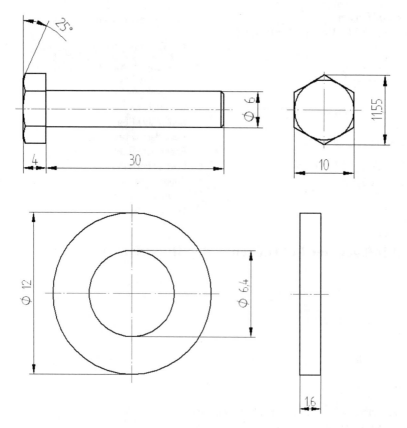

Die Modellierung der beiden Einzelteile erfolgt wie in den vorangegangenen Kapiteln beschrieben.

5.8.2 Zusammenbau der Unterbaugruppe

1. Neue Assembly-Datei öffnen und unter <Schraube_kpl.asm> speichern

2. Über den PathFinder ⇒ TEILBIBLIOTHEK die Einzelteile in den Arbeitsbereich ziehen

3. Verknüpfungsbedingungen erstellen (wie im vorangegangenen Abschnitt beschrieben)

5.8.3 Platzieren der Unterbaugruppe im Ventilgehäuse

1. <drosselventil.asm> öffnen
2. Über den PathFinder ⇒ TEIL-BIBLIOTHEK
3. <Schraube_kpl.asm> Doppelklick
4. Button   AN-/AUFSETZEN
5. Unterseite der Scheibe selektieren
6. Stirnseite des Blindflansches anwählen
7. Button AXIAL AUSRICHTEN
8. Schaft der Schraube selektieren
9. Bohrung im Blindflansch anwählen
10. Button AUSWÄHLEN klicken

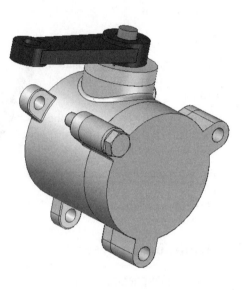

Um die Schraube endgültig zu fixieren, wird nach erneutem Klicken auf die Unterbaugruppe im PathFinder die Beziehung AXIAL AUSRICHTEN ausgewählt und in der Formatierungsleiste der Button AXIAL AUSRICHTEN – ROTATION SPERREN gedrückt.

Alternativ mit Definition einer Winkelbeziehung:

11. Button WINKEL
12. Beliebigen Winkel wählen
13. Eine Sechskant-Fläche des Schraubenkopfes selektieren
14. Eine ebene Fläche des Blindflansches selektieren

5.8.4 Einfügen von weiteren Schrauben als Muster

1. Menüleiste HOME ⇒ Gruppe MUSTER ⇒ MUSTER
2. Im PathFinder die eingefügte Unterbaugruppe auswählen
3. [Akzeptieren]
4. Blindflansch auswählen
5. Bohrungsmuster im Blindflansch auswählen (alle drei werden rot markiert)
6. Bohrung mit der ersten Schraube anwählen (Referenzpunkt) ⇒ FERTIG STELLEN
7. Die möglicherweise ausgeblendeten Einzelteile des Drosselventils wieder einblenden

5.9 Kollisionsanalyse

1. Welle im PathFinder anklicken
2. Winkelbeziehung im unteren Teil des PathFinders anklicken und 183 Grad eingeben ⇒ OK
3. Menüleiste PRÜFEN ⇒ Gruppe BEWERTEN ⇒ KOLLISIONSANALYSE

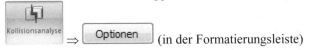 ⇒ [Optionen] (in der Formatierungsleiste)

  - 1. Auswahlsatz überprüfen anhand ⇒ auf ALLEN ANDEREN TEILEN einstellen
  - Ausgabeoptionen ⇒ AUSZUG ERSTELLEN deaktivieren und KOLLIDIERENDE VOLUMEN ⇒ EINBLENDEN aktivieren ⇒ OK

4. Ventilplatte anklicken ⇒ [Akzeptieren] ⇒ [Verarbeiten]
5. Kollisionsvolumen wird rot angezeigt.

5.10 Kontrollfragen

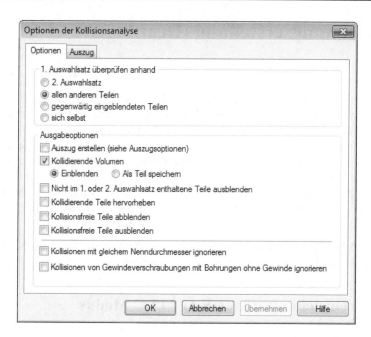

Allgemeine Hinweise:

- Sollte ein Element noch mal nachbearbeitet werden müssen, genügt ein Doppelklick im PathFinder, um das Einzelteil in der Part-Umgebung zu öffnen.

- Möchte man in den Positionierungsdialog zurück, kann man mit ![icon] DEFINITION BEARBEITEN in der Formatierungsleiste bei angewähltem Bauteil im PathFinder zurückkehren.

5.10 Kontrollfragen

1. Was unterscheidet eine Baugruppe von einer Komponente?
2. Kann eine Baugruppe als Komponente definiert werden?
3. Wie arbeitet man nach dem Bottom-Up Schema?
4. Wie bezeichnet man das Schema, nach dem der Blindflansch erstellt wird?
5. Wie viele Freiheitsgrade hat ein freier Körper im Raum?
6. Wie viele Freiheitsgrade hat eine vollständig eingebaute Komponente?
7. Welche Möglichkeiten hat man, um eine Sechskantschraube in einem Bohrloch zu positionieren?
8. Wie kann die Welle vollständig bestimmt werden, wenn sie keine planare Aussparung hätte?

6 Zeichnungserstellung (Drafting)

In diesem Kapitel werden die grundlegenden Kenntnisse zur Ableitung von Zeichnungen von existierenden Modellen erläutert. Den Anfang bildet die Erläuterung der spezifischen Symbolleisten, Buttons und Menüpunkte. Anschließend erfolgt die Erstellung einer Zeichnung als Ableitung eines bereits in Kapitel 4 generierten Modells. Anhand dieses Beispieles werden die einzelnen Aspekte Hauptansicht, abgeleitete Ansichten, Schnittansichten und Einzelheiten erläutert. Darauf folgend wird das Hinzufügen und Bearbeiten von Bemaßungen, Mittellinien und Texten erklärt. In den beiden letzten Abschnitten werden erst das Editieren von Formatvorlagen und anschließend das Plotten von Zeichnungen erläutert.

Die DRAFT-Umgebung von Solid Edge ermöglicht das maßstabsgerechte Erstellen, Drucken und Plotten DIN-gerechter Zeichnungen.

6.1 Voreinstellungen im DRAFTING-Modus

- Eine Zeichnungsdatei kann mehrere Blätter enthalten.
- Hinzufügen von Blättern mittels Rechtsklick auf die Reiterkarte BLATT1 ⇒ EINFÜGEN
- Löschen von Blättern mittels Rechtsklick auf die Reiterkarte des zu löschenden Blattes ⇒ LÖSCHEN
- Die Auswahl des Vorlageblattes erfolgt über ANSICHT ⇒ HINTERGRUNDBLATT. In dieser Ansicht können die Zeichenblätter auch editiert werden (Rahmen, Schriftfeld usw.).
- Wechseln zum Arbeitsbereich mit ANSICHT ⇒ ARBEITSBLÄTTER ⇒ Auswahl einer Registerkarte
- Definition und Ansteuerung von Layern erfolgt über den PathFinder.
- Menüleiste SKIZZIEREN öffnet die Symbolleiste mit Buttons zum Erzeugen und Editieren von Kurven (Linienstärke, Farben usw.).
- Menü ANWENDUNGSSCHALTFLÄCHE ⇒ SOLID-EDGE OPTIONEN ⇒ ZEICHNUNGSVORGABEN bietet neben den allgemeinen Einstellungen die Möglichkeit, zwischen Projektionsmethode „Erster" und „Dritter", verschiedenen Gewindedarstellungen und Stücklistenoptionen umzuschalten.

6.1 Voreinstellungen im DRAFTING-Modus

 Hinweis: Im folgenden Bild auf die DIN-gerechten Einstellungen in Menü ANWENDUNGSSCHALTFLÄCHE ⇒ SOLID-EDGE OPTIONEN ⇒ ZEICHNUNGSVORGABEN achten.

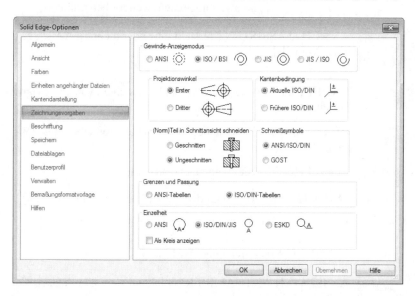

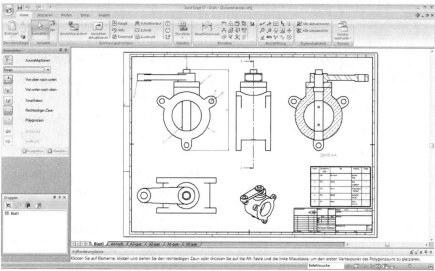

Die Bildschirmaufteilung entspricht der anderen Umgebungen. Die Arbeitsblätter können durch Anklicken der Reiterkarten an der linken unteren Ecke gewechselt werden.

6.2 Erklärung wichtiger Buttons der Symbolleisten

(soweit noch nicht weiter oben erläutert)

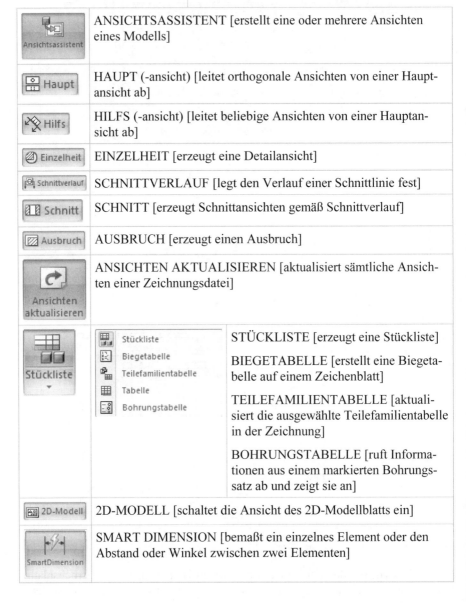

Ansichtsassistent	ANSICHTSASSISTENT [erstellt eine oder mehrere Ansichten eines Modells]
Haupt	HAUPT (-ansicht) [leitet orthogonale Ansichten von einer Hauptansicht ab]
Hilfs	HILFS (-ansicht) [leitet beliebige Ansichten von einer Hauptansicht ab]
Einzelheit	EINZELHEIT [erzeugt eine Detailansicht]
Schnittverlauf	SCHNITTVERLAUF [legt den Verlauf einer Schnittlinie fest]
Schnitt	SCHNITT [erzeugt Schnittansichten gemäß Schnittverlauf]
Ausbruch	AUSBRUCH [erzeugt einen Ausbruch]
Ansichten aktualisieren	ANSICHTEN AKTUALISIEREN [aktualisiert sämtliche Ansichten einer Zeichnungsdatei]
Stückliste (Stückliste, Biegetabelle, Teilefamilientabelle, Tabelle, Bohrungstabelle)	STÜCKLISTE [erzeugt eine Stückliste] BIEGETABELLE [erstellt eine Biegetabelle auf einem Zeichenblatt] TEILEFAMILIENTABELLE [aktualisiert die ausgewählte Teilefamilientabelle in der Zeichnung] BOHRUNGSTABELLE [ruft Informationen aus einem markierten Bohrungssatz ab und zeigt sie an]
2D-Modell	2D-MODELL [schaltet die Ansicht des 2D-Modellblatts ein]
SmartDimension	SMART DIMENSION [bemaßt ein einzelnes Element oder den Abstand oder Winkel zwischen zwei Elementen]

6.2 Erklärung wichtiger Buttons der Symbolleisten

	Bemaßungsarten [erzeugt verschiedene Bemaßungen ; Bedienung erfolgt wie in PART]
	BEMAßUNGEN ABRUFEN [importiert Bemaßungen des ursprünglichen Modells in die Zeichnung]
	AUTOMATISCHE MITTELLINIEN [erstellt automatische Mittellinien und Mittelmarkierungen in ausgewählten Zeichnungsansichten]
	MITTELLINIE [erzeugt Mittellinien]
	MITTELMARKIERUNG [erzeugt eine Mittelmarkierung (Achsenkreuz)]
	TEILKREIS [erzeugt einen Teilkreis bei kreisförmigen Mustern]
	LEGENDE [erstellt eine Legendenanmerkung; ermöglicht das Eingeben längerer Texte]
	TEXTBLASE [erzeugt Beschriftung in einer Textblase]
	VERBINDER [erstellt einen Verbinder zwischen zwei Elementen]
	BEZUGSLINIE [erzeugt Bezugslinienbemaßung]
	OBERFLÄCHENBESCHAFFENHEIT [fügt Oberflächensymbole ein]
	SCHWEIßSYMBOL [fügt Schweißnahtsymbole ein]
	KANTENBEDINGUNG [platziert ein Kantensymbol an ein Element in einer Zeichnung]
	FORM- und LAGETOLERANZRAHMEN [fügt einen Rahmen für Form- und Lagetoleranzen ein]
	TOLERANZRAHMEN [fügt einen Rahmen für Toleranzbezüge ein]
	BEZUGSZIEL [fügt Bezugsziel für Toleranz ein]
	TEXT [fügt ein Textfeld ein]
	SONDERZEICHEN [öffnet Windows-Zeichentabelle]

6.3 Einrichten des Zeichenblattes

- Blatteinstellung erfolgt über ANWENDUNGSSCHALTFLÄCHE ⇒ BLATT EINRICHTEN
- Einstellung von Größe: (Blattformat, Ausrichtung, Einheiten, Genauigkeit)
- Angabe des Blattnamens
- Blatthintergrund (immer an das Blattformat anpassen!)

6.4 Erstellen der Zeichnung

Datei neu erstellen

1. Neue Draft-Datei öffnen **(din draft.dft)** und unter <deckel.dft> abspeichern
2. Blattgröße und Hintergrund auf „A3 quer" einstellen
3. Unter Menüleiste ANSICHT ⇒ Gruppe BLATTANSICHTEN ⇒ ARBEIT aktivieren

6.4.1 Einfügen einer Modellansicht

1. Button ANSICHTSASSISTENT
2. <deckel.par> auswählen
3. Öffnen
4. Fenster „Zeichnungsansichts-Assistent" öffnet sich ⇒ Button WEITER
5. Button BENUTZERDEFINIERT... auswählen
6. Waagerechte Achse auswählen

> **Hinweis:** 90°-Drehungen um die senkrechte Achse können mit allgemeine Ansichten generiert werden.

6.4 Erstellen der Zeichnung

Allgemeine Ansichten Dialog: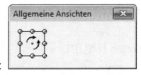

7. Schließen ⇒ FERTIG STELLEN

8. Auf Zeichenblatt platzieren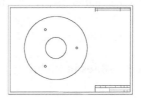

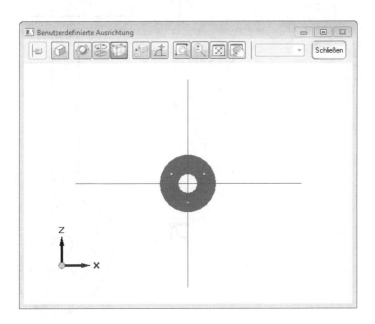

6.4.2 Skalieren einer Ansicht

1. Ansicht mit ⌶ selektieren ⇒ Button EIGENSCHAFTEN ⌶ in der Formatierungsleiste ⇒ Reiterkarte ALLGEMEIN

    Alternativ: ⌶ ⇒ Skalierung in der Formatierungsleiste direkt einstellen

2. Skalierung 2:1 auswählen ⇒ OK

6.4.3 Einfügen orthogonaler Ansichten

1. Button HAUPT ![Haupt]

2. Mit ![Maus] Zeichnung selektieren

3. Neue Ansicht plazieren ![Maus]

Ziehen der Maus in Richtung ...   **... liefert:**

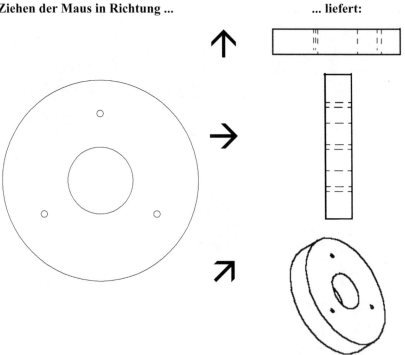

6.4.4 Löschen von Ansichten

1. Mit ![Maus] die Ansicht auswählen, die gelöscht werden soll
2. **Entf.**-Taste drücken

6.4.5 Erstellen von Hilfsansichten

Button HILFS (-ansicht)

erstellt eine neue Teilansicht (A), die das Teil um 90 Grad um eine Hilfsansichtslinie (B) gedreht in einer vorhandenen Teilansicht zeigt.

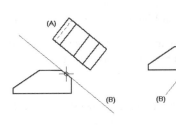

6.4.6 Bewegen von Ansichten

1. Mit ⊡ Ansicht markieren und an neuen Platz ziehen
2. Ausrichtungen von Ansichten gegeneinander bleiben dabei erhalten

6.4.7 Kopieren von Ansichten

Mit ⊡ Ansicht markieren und mit gleichzeitig gedrückter **Strg**-Taste an neuen Platz ziehen

Die neue Ansicht ist nicht mehr ausgerichtet, jedoch noch immer assoziativ zum Modell.

6.4.8 Aktualisieren von Ansichten

1. Nach Modelländerungen in der 3D-Umgebung ist es notwendig, die Zeichnungsansichten zu aktualisieren.
2. Menüleiste HOME ⇒ Gruppe ZEICHNUNGSANSICHTEN ⇒ ANSICHTEN AKTUALISIEREN

Alternativ: Funktionstaste F5 oder Button ANSICHT AKTUALISIEREN

Hinweis: Diese Option aktualisiert nur die Bildschirmdarstellung, nicht die Ansicht nach Modelländerung.

6.4.9 Ausrichten einer Ansicht

Mit 🖱 Ansicht markieren ⇒ 🖱 ⇒ AUSRICHTUNG ERSTELLEN

Die Ausrichtung kann ebenfalls über das Kontextmenü aufgehoben werden. Dann ist freies Verschieben einer Ansicht möglich.

6.4.10 Aufheben der Assoziativität einer Ansicht

Mit 🖱 Ansicht markieren ⇒ 🖱 ⇒ 2D-MODELLANSICHT

Mit der Umwandlung zur 2D Ansicht wird jeglicher Zusammenhang zum Modell oder zur Ursprungsansicht aufgehoben. Die Umwandlung ist unwiderruflich!

6.5 Erzeugen von Schnitten

6.5.1 Zeichnen einer Schnittlinie

1. Button SCHNITTVERLAUF

     mit 🖱 Ansicht markieren

2. Zeichnen der Schnittlinie
3. SCHNITTVERLAUF SCHLIEßEN

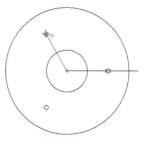

Hinweis: Linienerstellung wie in Part. Beziehungen sind die gleichen (siehe Bild ⇒ Mittelpunktbeziehung)

Hinweis: für eine bessere Übersicht mit Ausschnittvergrößerung 🔍 die Größe anpassen.

EINPASSEN 🔍   zeigt die komplette Arbeitsfläche an

Umschalt + EINPASSEN 🔍   zeigt die komplette markierte Ansicht an

Strg + EINPASSEN 🔍   zeigt das komplette Arbeitsblatt an

6.5.2 Festlegen der Schnittrichtung

1. Beim Zuweisen der vorgegebenen Schnittrichtung Linksklick 🖱

2. Zum Ändern Mauszeiger auf die andere Seite der Schnittlinie ziehen (siehe Bild)

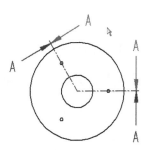

6.5.3 Einfügen einer Schnittansicht

1. Button SCHNITT (-ansicht) 🔲 Schnitt Schnittebene selektieren

2. Einstellen der gewünschten Schraffur (in Formatierungsleiste Dropdown-Liste links)

3. Button GEDREHTE SCHNITTANSICHT 🔲 (in Formatierungsleiste)

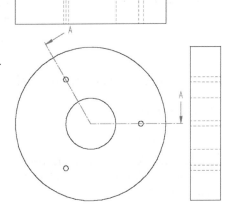

4. Wählen der korrekten Projektionsrichtung (entsprechender Abschnitt der Schnittlinie ist rot markiert)

5. Schnittansicht platzieren

6. Kante ausblenden über Button SICHTBARE UNG VERDECKTE KANTEN

7. Linie in der Mitte des Schnittes selektieren, bis sie verschwindet, sofern noch nicht verschwunden

Schraffur aus Wellen und Normteilen entfernen:

Mit rechter Maustaste 🖱 die Schnittansicht anwählen ⇒ EIGENSCHAFTEN ⇒

Reiterkarte Anzeige ⇒ Komponente mit linker Maustaste ⬜ anwählen ⇒

SCHNITT deaktivieren ⇒ OK ⇒ ANSICHTEN AKTUALISIEREN

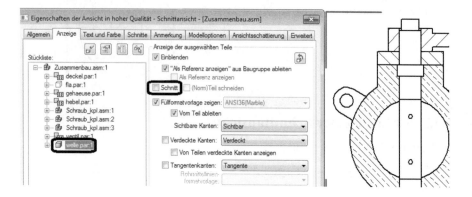

6.6 Erzeugen einer Detailansicht

1. Button EINZELHEIT

2. Mittelpunkt der Einzelheit selektieren und Umgrenzungskreis aufziehen

3. In Formatierungsleiste Ansichtsmaßstab auswählen

4. Ansicht platzieren

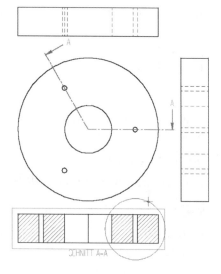

 Hinweis: Der Ansichtsmaßstab kann auch nachträglich durch Anklicken des Button EIGENSCHAFTEN (in Formatierungsleiste) geändert werden bzw. direkt in der Formatierungsleiste.

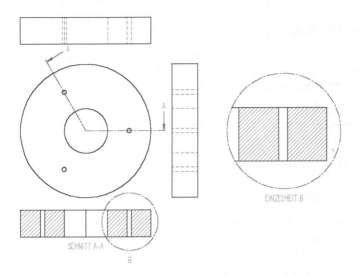

6.7 Hinzufügen von Bemaßungen, Texten etc.

6.7.1 Einfügen von Mittelmarkierungen

1. Button MITTELMARKIERUNG

2. Button PROJEKTIONSLINIEN (in Formatierungsleiste), da sonst nur der Mittelpunkt markiert wird

3. Mittlere Bohrung auswählen

4. Außenkante des Deckels auswählen

5. Analoges Vorgehen für die drei Befestigungs-Bohrungen (Anklicken der Bohrung genügt)

6. Ansicht anklicken ⇒ rechte Maustaste ⇒ IN ANSICHT ZEICHNEN

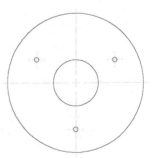

7. Button Mittellinie

8. Platzierungsoption in Formatierungsleiste: Mit 2 Punkten einstellen (Bezugselemente sind zwei Punkte im Mittelpunkt eines Objekts)

9. Mitten der beiden senkrechten Körperkanten in Seitenansicht selektieren (Mittenmarkierung erscheint neben Mauszeiger)

10. IN ANSICHT ZEICHNEN SCHLIEßEN

11. Button Mittellinie

12. Platzierungsoption in Formatierungsleiste: Mit 2 Linien einstellen (Bezugselement sind zwei symmetrische Linien)

13. Verdeckte Körperkanten der Befestigungsbohrungen in Seitenansicht selektieren

14. IN ANSICHT ZEICHNEN SCHLIEßEN

Mittenmarkierung:

6.7.2 Einfügen eines Lochkreises

1. Button TEILKREIS

2. Button TEILKREIS – ÜBER 3 PUNKTE (in Formatierungsleiste)

3. Anklicken der 3 Befestigungsbohrungen im Mittelpunkt (Mittelpunktmarkierung → siehe Bild)

4. Nach Anklicken des Teilkreises kann über EIGENSCHAFTEN (in Formatierungsleiste) die Linienart geändert werden.

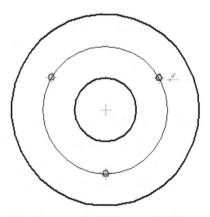

6.7 Hinzufügen von Bemaßungen, Texten etc.

6.7.3 Einfügen von Bemaßungen

Das Anbringen von Bemaßungen erfolgt mit den gleichen Werkzeugen wie beim Erstellen von Skizzen in der Part-Umgebung.

Für nebenstehendes Bild wurde für die Durchmesserbemaßung in der Draufsicht Smart Dimension

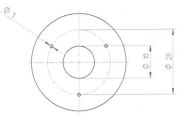

verwendet. In der rechten Ansicht wurde damit die Kantenlänge angewählt.

6.7.4 Einfügen von Bemaßungspräfixen

Bemaßungspräfixe können sofort beim Bemaßen oder nachträglich angebracht werden.

1. Durchmessermaß <30 mm> selektieren (bei Auswahl mehrerer Elemente **Strg**-Taste gedrückt halten)

    ⇒ Button DEFINITION BEARBEITEN – BEMAßUNGSPRÄFIX (in Formatierungsleiste) ⇒

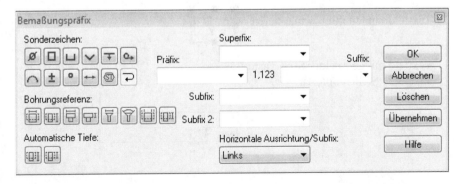

2. Symbol „ø" als Präfix übernehmen ⇒ OK

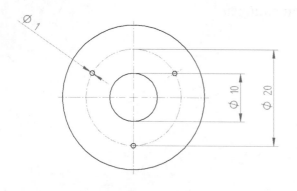
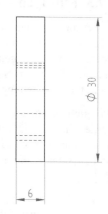

6.7.5 Einfügen und Editieren von Text

1. Button TEXT [A] mit [■] an beliebige Stelle des Zeichenblattes klicken eingeben <"M 2:1"> TEXT-Befehl mit **Esc**-Taste unterbrechen Textfeldrahmen mit [■] markieren

2. Textfeld an gewünschte Stelle ziehen

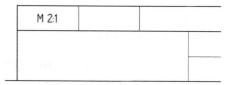

3. Textfeldrahmen mit [■] markieren

4. Textfeld mit gedrückter **Strg**-Taste an andere Stelle kopieren

6.7 Hinzufügen von Bemaßungen, Texten etc.

5. Mit ▨ in Textfeld doppelklicken, um Text zu markieren

6. Überschreiben mit aktuellem Datum

7. Textfeldrahmen markieren und auf gewünschte Größe ziehen

Analoges Vorgehen für Namen und Bezeichnungen. Schriftarten, Größe und Formatierung können in der Formatierungsleiste ausgewählt bzw. eingegeben werden.

Für weitere Übungsbeispiele die übrigen Einzelteile des Drosselventils nutzen.

Für Zeichnungen für die Universität Magdeburg steht eine Vorlagedatei mit entsprechendem Zeichnungsrahmen zur Verfügung. Die Vorlage Uni_MD3.dft kann http://www.bapm.de/solidedge/Uni_MD3.dft heruntergeladen werden.

6.7.6 Automatisches Ausfüllen von Zeichnungsinformationen

Es empfiehlt sich nicht immer, zum Ausfüllen einer Zeichnung die Textfunktion zu verwenden. Daher gibt es in Solid Edge die Möglichkeit zum Einfügen von Legendeneigenschaften mit Hilfe des Buttons LEGENDE ▨ ⇒ Registerkarte ALLGEMEIN ⇒ Button EIGENSCHAFTSTEXT anklicken ⇒ z. B. INDEXREFERENZ einstellen ⇒ in Eigenschaften z. B. TITEL ▨ Doppelklick ⇒ OK ⇒ OK ⇒ Platzieren der Legende auf dem Zeichenblatt ⇒ anschließend in der Formatierungsleiste den Button BEZUGSLINIE deaktivieren. Der TITEL muss vorher im Part-File bzw. im Assembly-File in ANWENDUNGSSCHALTFLÄCHE ⇒ EIGENSCHAFTEN ⇒ DATEIEIGENSCHAFTEN ⇒ Registerkarte INFO ⇒ Feld TITEL eingetragen sein. Für andere Eigenschaften gilt dies analog.

6.8 Editieren der Formatvorlage

Um eine Vorlagedatei bei der Erstellung einer neuen Datei als Grundlage zu nutzen, sollte diese in das Installationsverzeichnis im Ordner *.../Program/template/* abgelegt werden. Sie steht damit bei der Neuerstellung als Vorlage zur Verfügung.

Sollen Elemente der Vorlage geändert werden, dann muss dies in der Hintergrundansicht erfolgen. Hierzu ist über Menüleiste ANSICHT ⇒ Gruppe BLATTANSICHTEN ⇒ HINTERGRUND umzuschalten und die Hintergrundblätter sind sichtbar, d. h. die Blätter können jetzt über die Karteikartenreiter unterhalb des Arbeitsbereichs zur Änderung ausgewählt werden.

Alle eingefügten Elemente sind statisch und können auf der Ansicht „Arbeitsblatt" nicht geändert werden.

Die Formatvorlagen zu folgenden Elementen sind ebenfalls individuell anpassbar:

- Bemaßung
- Füllen
- Schraffur
- Linie
- Text

Unter Menüleiste ANSICHT ⇒ Gruppe FORMATVORLAGE ⇒ FORMATVORLAGE wird die abgebildete Maske aufgerufen. Hier können zu genannten Formatvorlagen Änderungen vorgenommen, neue Vorlagen hinzugefügt und alte Vorlagen gelöscht werden. So können zum Beispiel Linienstärken für bestimmte Linienarten geändert werden, um so das Druckbild anzupassen.

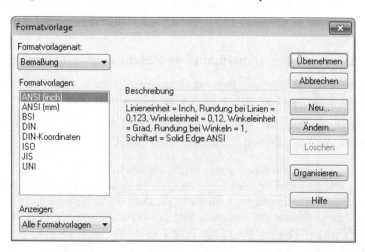

6.9 Erzeugen einer Stückliste

Viele Firmen hängen ihren Baugruppenzeichnungen Stücklisten an, um zusätzliche Informationen zu einzelnen Baugruppenkomponenten zu geben. Beispielsweise sind Teilenummer, Material und Menge der erforderlichen Teile in der Stückliste aufgeführt. Eine Stückliste in Solid Edge ist assoziativ zur gewählten Teilansicht. Die Stückliste wird wie folgt erzeugt:

Ableiten einer Zeichnungsansicht aus der <drosselventil.asm> (Vorgehensweise siehe 6.4.1) ⇒ in Menüleiste HOME ⇒ Gruppe TABELLEN ⇒ STÜCKLISTE 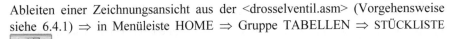 anklicken ⇒ eine Zeichnungsansicht auswählen ⇒ Button STÜCKLISTE – AUTO –TEXTBLASE 🔍 zum automatischen Hinzufügen von Textblasen für die Kennzeichnung der einzelnen Komponenten auf der Formatierungsleiste drücken ⇒ Button STÜCKLISTE – EIGENSCHAFTEN 📋 drücken ⇒ gewünschte Eigenschaften der Stückliste in den Reiterkarten einrichten (z. B. werden in der Reiterkarte SPALTEN die obengenannten Beispielinformationen, Spaltenbreite etc. eingerichtet) ⇒ OK ⇒ linke Maustaste 🖱 auf Arbeitsblatt

Weitere Funktionalitäten zum Aktualisieren und Formatieren von Stücklisten sind in der Solid Edge-Hilfe zu finden.

6.10 Plotten der Zeichnung

ANWENDUNGSSCHALTFLÄCHE ⇒ DRUCKEN ⇒ Drucker auswählen ⇒ Einstellen von Hoch- oder Querformat über EIGENSCHAFTEN ⇒ Reiterkarte LAYOUT ⇒ OK ⇒ Kontrollieren der Seitenansicht über EINSTELLUNGEN ⇒ OK ⇒ OK

Oder: Ausdruck als pdf-File mit einem frei erhältlichen PDF-Konverter: ANWENDUNGSSCHALTFLÄCHE ⇒ DRUCKEN ⇒ Drucker auswählen <z. B. PDFCreator, FreePDF> ⇒ EIGENSCHAFTEN ⇒ ERWEITERT ⇒ Format einstellen ⇒ OK ⇒ SAVE ⇒ <Dateinamen> eingeben ⇒ SAVE

6.11 Kontrollfragen

1. Was ist der Unterschied zwischen Arbeitsblatt und Hintergrundblatt?
2. Wie werden Schnittansichten erstellt?
3. Wie kann eine Ansicht so schnell wie möglich bemaßt werden?
4. Wie können die verdeckten Kanten einer Ansicht ausgeblendet werden?
5. Wie kann automatisch die Masse im Schriftfeld eingetragen werden?
6. Wie kann man Komponenten von Unterbaugruppen in der Stückliste mit auflisten?

7 Blechteilmodellierung (Sheet Metal)

Dieses Kapitel ist der Modellierung von Blechteilen gewidmet. Nach einer kurzen Erläuterung der spezifischen Buttons und Besonderheiten erfolgt die Modellierung mehrerer Einzelteile und anschließend deren Zusammenbau. Zusätzlich werden von den Einzelteilen entsprechende Zeichnungen abgeleitet. Dadurch erfolgt eine gute Vertiefung zu allen vorherigen Kapiteln und den darin erworbenen Kenntnissen und Fertigkeiten. Da Schrauben, Bolzen, Splinte etc. – sogenannte Standard Parts – normalerweise in Normteilbibliotheken vorliegen, wird in diesem Kapitel die Vorgehensweise des Ladens von Standard Parts im Zusammenbau beschrieben.

Im Rahmen der Besonderheiten bei der Blechteilmodellierung wird zum Abschluss ein zuvor erstelltes Einzelteil abgewickelt.

Gesamtvorgehensweise:

- Modellieren des Bolzens mit Zeichnungserstellung
- Modellieren des Oberteils mit Zeichnungserstellung
- Modellieren des Unterteils mit Zeichnungserstellung
- Zusammenbau aller drei Teile mit Zeichnungserstellung
- Einfügen von Standard Parts
- Abwickeln des Ober- und Unterteils

7.1 Modellieren des Bolzens

Allgemeine Vorgehensweise:

- Modellieren des Bolzenkopfes als Extrusion
- Modellieren des Bolzens als Extrusion
- Zeichnungserstellung

Datei neu erstellen:

⇒ neue Part-Datei öffnen und unter <bolzen.par> abspeichern

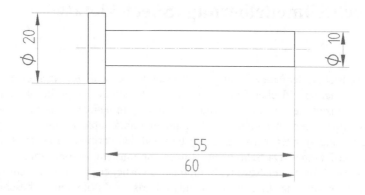

7.1.1 Modellieren des Bolzenkopfes

Erzeugen eines Zylinders mit dem Durchmesser <20 mm> und der Höhe <5 mm> als Extrusion

7.1.2 Modellieren des Bolzenschafts

Erzeugen eines Zylinders mit dem Durchmesser <10 mm> und der Höhe <55 mm> als Extrusion

 Hinweise:

- Bolzen auf die Stirnfläche des Kopfes modellieren
- Bolzen konzentrisch zum Kopf erzeugen

7.1.3 Erstellen der Zeichnung

1. Neue Draft-Datei öffnen und unter <bolzen.dft> abspeichern
2. Die Zeichnung ist analog zu Kapitel 6 (Zeichnungsgenerierung) zu erstellen.

7.2 Modellieren des Oberteils

Das Solid Edge-Modul Blechbearbeitung (Sheet Metal) bietet eine Reihe von Sonderfunktionen zur Gestaltung von Blechformteilen, wie z. B. Laschen, Einschnitte und Bördelungen. Abwicklungen können automatisch erstellt werden. Daneben sind einige Funktionen der Part-Umgebung, wie etwa Bohrungen, vorhanden.

Blechformteile können analog zu anderen Teilen in Baugruppen und Zeichnungen eingefügt werden.

Im Rahmen dieses Kapitels werden nur die wichtigsten Funktionen zur Blechbearbeitung gezeigt.

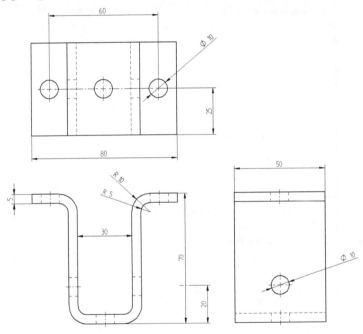

Allgemeine Vorgehensweise:

- Modellieren des Grundteiles als Lasche
- Einfügen der Seiten als Konturlappen
- Einfügen der Bohrungen
- Zeichnungserstellung

Datei neu erstellen:

Neue Sheet Metal-Datei öffnen und unter <oberteil.psm> abspeichern

7.2.1 Einstellen der Teileigenschaften

Im Menü ANWENDUNGSSCHALT-FLÄCHE
⇒ EIGENSCHAFTEN ⇒
MATERIALTABELLE ⇒
Reiterkarte WERTE ⇒
können die Blechdicke, Biegeradien, Ausklinkungstiefen (siehe Grafik) und die Formel zur Berechnung der gestreckten Länge von Abwicklungen definiert werden.

Ausklinkung:

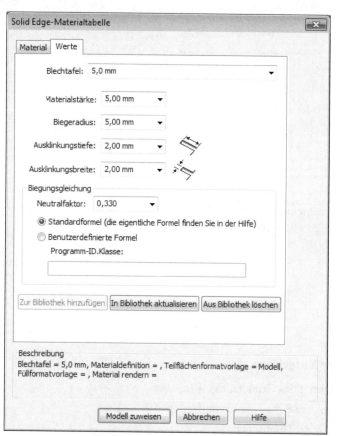

Im Menü ANWENDUNGSSCHALT-FLÄCHE ⇒ EIGENSCHAFTEN ⇒ MATERIALTABELLE ⇒ Reiterkarte WERTE ⇒ Materialstärke <5 mm> ⇒ Biegeradius <5 mm> ⇒ Modell zuweisen

7.2 Modellieren des Oberteils

 Hinweis: Biegeradius bezieht sich immer auf den Innenradius eines Blechteils.

7.2.2 Modellieren der Lasche

1. Button LASCHE
2. Waagerechte Referenzebene wählen ⇒ Skizzenfenster öffnet sich
3. Button RECHTECK ÜBER 3 PUNKTE

4. Linien geometrisch und maßlich (50mm x 30mm) bestimmen ⇒ SKIZZE SCHLIEßEN
5. Extrusionsrichtung nach oben bestimmen ⇒ FERTIG STELLEN ⇒ ABBRECHEN

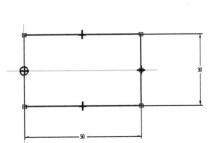

7.2.3 Modellieren einer Seite

1. Button KONTURLAPPEN
2. In Formatierungsleiste muss EBENE AM ENDE aktiviert sein.

3. Vordere obere Längskante nahe Endpunkt selektieren (Kante wird rot angezeigt) ⇒ eine rote Ebene wird angezeigt

4. Waagrechte Referenzebene als Basis der Profilebene selektieren, d. h. auf rot markierte Teilfläche klicken ⇒ Teilfläche wird gelb

5. Richtung der Skizzierebene festlegen mit Klicken des ungefähren Endes der Achse, um die Ausrichtung der Referenzebene anzuzeigen (diese wird in der roten Referenzebene rot angezeigt) ⇒ Ansicht dreht in Skizzierebene

6. Prinzipielles Profil des Flansches zeichnen und bemaßen ⇒ SKIZZE SCHLIEßEN

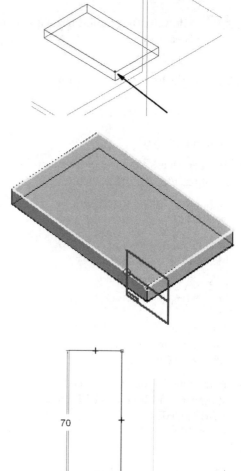

7.2 Modellieren des Oberteils

7. Button BIS ZUM ENDE
8. Extrusionsrichtung bestimmen (siehe Bild) ⇒ FERTIG STELLEN ⇒ ABBRECHEN

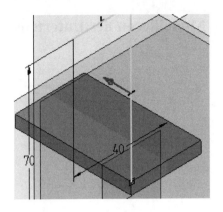

7.2.4 Einfügen der Bohrungen

Bohrungen laut Zeichnung in Oberseite und Seitenfläche einfügen

7.2.5 Spiegeln des Teiles

1. Button FORMELEMENT SPIEGELN

2. Konturlappen und Bohrungen selektieren
3. [Akzeptieren]
4. Senkrechte Referenzebene selektieren ⇒ FERTIG STELLEN

7.2.6 Erstellen der Zeichnung

1. Neue Draft-Datei öffnen und unter <oberteil.dft> abspeichern
2. Die Zeichnung ist analog Kapitel 6 (Zeichnungsgenerierung) zu erstellen.

7.3 Modellieren des Unterteils

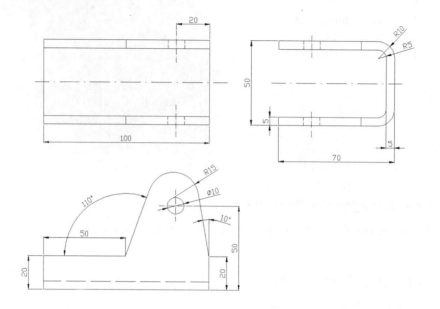

Allgemeine Vorgehensweise

- Modellieren des Grundteiles als Lasche
- Einfügen der Seiten als Lappen
- Einfügen der Bohrungen
- Abwickeln des Teiles
- Zeichnungserstellung

Datei neu erstellen:

Neue Sheet Metal-Datei öffnen und unter <unterteil.psm> abspeichern

7.3.1 Einstellen der Teileigenschaften

1. ANWENDUNGSSCHALT-FLÄCHE $\Rightarrow$ EIGENSCHAFTEN $\Rightarrow$ MATERIALTABELLE $\Rightarrow$ Reiterkarte WERTE

2. Materialstärke <5 mm> $\Rightarrow$ Biegeradius <5 mm> $\Rightarrow$ MODELL ZUWEISEN

7.3.2 Modellieren der Lasche

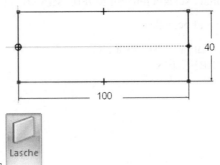

1. Button LASCHE
2. Waagerechte Referenzebene wählen ⇒ Skizzenfenster öffnet sich

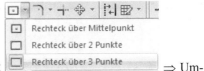

3. Button RECHTECK ÜBER 3 PUNKTE ⇒ Umriss auf rechter Seite
4. Linien geometrisch und maßlich bestimmen ⇒ SKIZZE SCHLIEßEN
5. Stärke <5 mm> eingeben ⇒ Extrusionsrichtung nach oben bestimmen ⇒ FERTIG STELLEN ⇒ ABBRECHEN

7.3.3 Modellieren einer Seite

1. Button LAPPEN
2. Eine der oberen Längskanten selektieren
3. Button MATERIAL AUßEN (ansonsten wird später nach dem Spiegeln die Breite von 50 mm nicht erreicht, daher **nicht** MATERIAL INNEN aktivieren)
4. Lappen in beliebiger Länge nach oben ziehen ⇒ linke Maustaste ⇒ FERTIG STELLEN ⇒ ABBRECHEN

5. Lappen im PathFinder selektieren ⇒ PROFIL BEARBEITEN
6. Kontur skizzieren und bemaßen
7. SKIZZE SCHLIEßEN ⇒ FERTIG STELLEN ⇒ ABBRECHEN

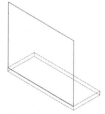

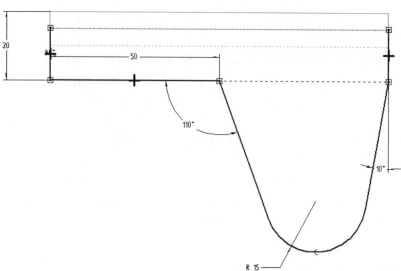

7.3.4 Fertigstellen des Teiles

Einfügen der Bohrung laut Zeichnung und Spiegeln von Lappen und Bohrung analog zu Abschnitt 7.2.

7.3.5 Erstellen der Zeichnung

Analog zum Oberteil, als zweites Blatt die Zeichnung der Abwicklung einfügen.

7.4 Zusammenbau der einzelnen Komponenten

Datei neu erstellen:
Neue Assembly-Datei öffnen und unter <scharnier.asm> abspeichern

7.4.1 Einfügen des Unterteils

1. Über den PathFinder ⇒ TEILBIBLIOTHEK
2. <unterteil.psm> in Arbeitsfenster ziehen

7.4.2 Einfügen des Oberteils

3. Über den PathFinder ⇒ TEILBIBLIOTHEK
4. <oberteil.psm> in Arbeitsfenster ziehen
5. Oberteil an Innenfläche, Bohrung und Stirnfläche des Unterteils ausrichten

7.4.3 Einfügen des Bolzens

6. Über den PathFinder ⇒ TEILBIBLIOTHEK
7. <bolzen.par> in Arbeitsfenster ziehen
8. Bolzen in Bohrung ausrichten

7.4.4 Einfügen von Standard Parts

Alternativ: Bolzen, Scheibe und Splint aus einer Normteilbibliothek laden:

1. Dazu muss das Zusatzmodul Standard Parts installiert sein. Hierbei werden eine kleine Auswahl von Standardteilen in dem Verzeichnis .../Solid Edge Standard Parts/Standard Parts/3D-Standard_Parts_V8.95/Parent_Parts abgelegt. Diese können bei Bedarf in eine Baugruppendatei in der gewünschten Größe eingebaut werden.

2. Da aber in der Normteilbibliothek keine Splintbolzen oder Splinte vorhanden sind, müssen diese noch eingefügt werden. Diese Dateien werden in den Ordner Parent_Parts kopiert.

3. Als nächstes START $\Rightarrow$ PROGRAMME $\Rightarrow$ SOLID EDGE ST2 $\Rightarrow$ STANDARD PARTS $\Rightarrow$ ADMINISTRATOR aufrufen.

4. In Menüleiste DATENBANK $\Rightarrow$ TEILE HINZUFÜGEN anklicken $\Rightarrow$ Radio-Button VORHANDENES STANDARDTEIL HINZUFÜGEN (EINZELTEIL) aktivieren $\Rightarrow$ WEITER $\Rightarrow$ Pfad (2Punkte) anklicken und das Teil im Verzeichnis Parent_Parts anklicken $\Rightarrow$ ÖFFNEN $\Rightarrow$ OK (die Registrierung läuft) $\Rightarrow$ für weitere Teile die Prozedur wiederholen

5. Anschließend Datenbank aktualisieren über Menüleiste DATENBANK $\Rightarrow$ DATENBANK AKTUALISIEREN $\Rightarrow$ die neuen Teile unter DIN auswählen $\Rightarrow$ AUSWAHL AKTUALISIEREN anklicken (Registrierung läuft) $\Rightarrow$ Menüleiste DATENBANK $\Rightarrow$ BEENDEN

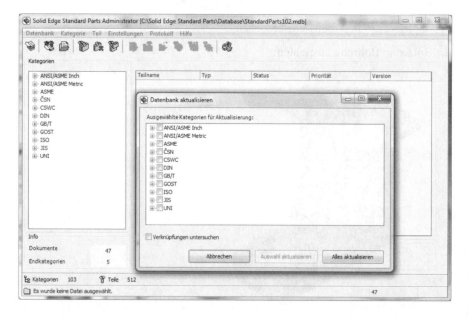

7.4 Zusammenbau der einzelnen Komponenten

6. Es können nun die Teile unter Standard Parts in die Baugruppe eingebaut werden. Daher zurück nach Solid Edge: im PathFinder das Register TEILBIBLIOTHEK aktivieren und die Funktion Standard Parts starten:

7. Von Button VISUELL auf Button KATEG. umschalten und den Knoten DIN aufklappen ⇒ Stift/Bolzen aufklappen ⇒ Bolzen aufklappen ⇒ Bolzen ohne Kopf aufklappen ⇒ Form A – ohne Splintlöcher aufklappen ⇒ DIN EN 22340 anklicken ⇒ zuerst den Nenndurchmesser <10 mm> anklicken ⇒ Nennlänge <60 mm> auswählen ⇒ Button PLATZIEREN anklicken.

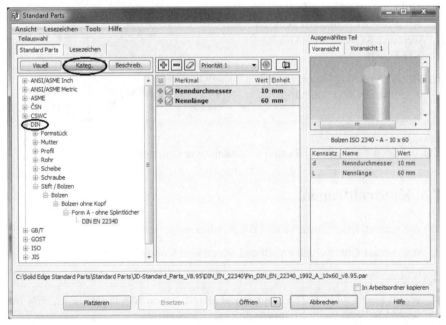

8. Es brauchen dann nur noch die Referenzelemente in der Baugruppe angeklickt zu werden, d. h. man wird automatisch durch die Baugruppenbeziehungen geführt und das Teil ist vollständig bestimmt.

7.4.5 Erstellen der Zusammenbauzeichnung

Analog zu Oberteil, zusätzlich Stückliste einfügen

7.5 Abwickeln des Unterteils

1. Datei <unterteil.psm> schließen
2. Neue Sheet Metal-Datei öffnen und unter <unterteil_abwicklung.psm> abspeichern
3. Menüleiste HOME ⇒ Gruppe ZWISCHENABLAGE ⇒ KOPIE EINES TEILS
4. Datei <unterteil.psm> auswählen ⇒ ÖFFNEN ⇒ Fenster „Parameter der Teilkopie" öffnet sich automatisch ansonsten Button PARAMETER BESTIMMEN
5. Kontrollkästchen MIT DATEI VERKNÜPFEN und TEIL ABWICKELN müssen aktiviert werden ⇒ OK ⇒ FERTIG STELLEN
6. Die Abwicklung bleibt mit dem eigentlichen Teil verknüpft.

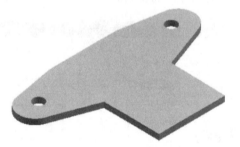

Zur weiteren Übung: das Oberteil abwickeln wie Unterteil

7.6 Kontrollfragen

1. Wo werden Materialstärke und Biegeradius eingestellt?
2. Was ist der Unterschied zwischen Lappen und Konturlappen?
3. Worauf muss man beim Zeichnen des Profils des Lappens achten?
4. Worin unterscheidet sich MATERIAL INNEN von MATERIAL AUSSEN bei der Modellierung eines Lappens an einer Lasche?
5. Was hätte man für das Unterteil bei der Modellierung des Lappens einstellen müssen, wenn man bei der Modellierung der Lasche ein Rechteck 50 mm * 100 mm erstellt hätte (statt 40 mm * 100 mm)?

8 Spezielle Funktionen in Solid Edge

In diesem Kapitel werden verschiedene spezielle Funktionen anhand einfacher Beispiele erläutert. Dabei werden zur Veranschaulichung jeweils Schritt für Schritt Anweisungen mit Erläuterungen kombiniert. Bei den speziellen Funktionen handelt es sich um die Erstellung von Wölbungen, Formschrägen, dünnwandigen Bauteilen, Rippen, Versteifungsnetzen, Lüftungsgittern, Lippen und Befestigungsdomen.

8.1 Behandlung von Wölbungen und Formschrägen

Allgemeine Vorgehensweise:

- Zeichnung des Extrusionsprofils
- Definierung der Extrusionsrichtung
- Auswählen und Parametrisieren der Behandlung

8.1.1 Wölbungen

1. Zeichnen des Extrusionsprofils als Skizze

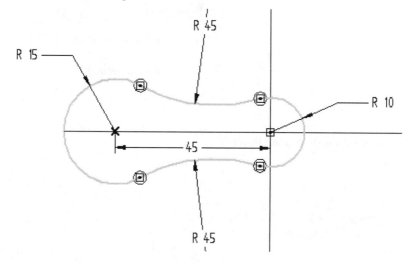

2. Button EXTRUSION ⇒ AUS SKIZZE WÄHLEN klicken

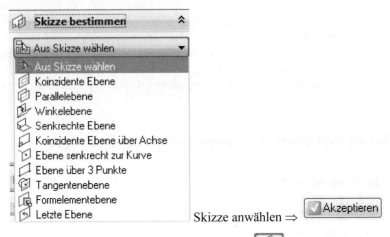

Skizze anwählen ⇒ [Akzeptieren]

3. Button NICHT SYMMETRISCHES ABMAß ⇒ erster Abstand <50 mm> ⇒ Richtung wählen ⇒ zweiter Abstand <30 mm> ⇒ entgegengesetzte Richtung anklicken

4. In Formatierungsleiste EXTRUSION ⇒ BEHANDLUNG anklicken:

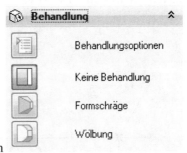

5. Button WÖLBUNG anklicken

8.1 Behandlung von Wölbungen und Formschrägen

6. "Wölbungsparameter" erscheint ⇒ Eingaben gemäß Bild rechts (Richtung ist im Arbeitsfenster angegeben)

7. In Richtung 2 Seite umdrehen

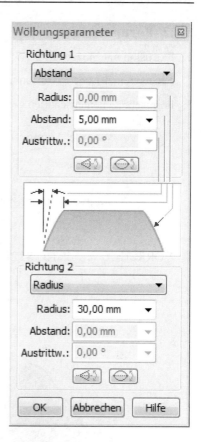

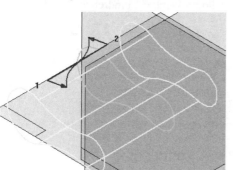

⇒ OK

8. VORSCHAU:

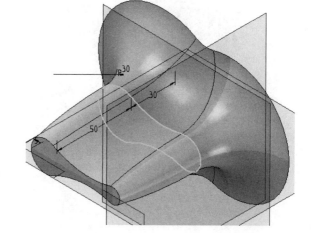

9. FERTIG STELLEN ⇒ ABBRECHEN

8.1.2 Formschrägen

1. Extrusion mit Skizze aus 8.1.1
2. Nichtsymmetrische Extrusion mit Werten aus 8.1.1
3. Formschrägeneigenschaften gemäß Bild ⇒ Winkel 1 umdrehen

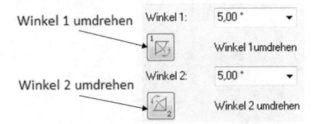

4. VORSCHAU ⇒ FERTIG STELLEN ⇒ ABBRECHEN

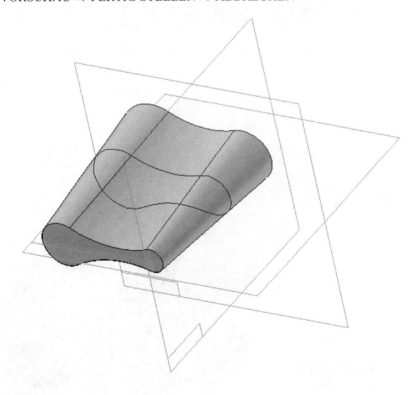

8.2 Dünnwandige Bauteile

1. Neue Datei <duennwand.par> erstellen
2. Erstellen einer Extrusion mit Rundungen gemäß Bild:

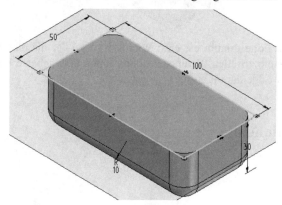

Alle Radien R10

3. Button DÜNNWAND ⇒ Einheitliche Stärke <2 mm>

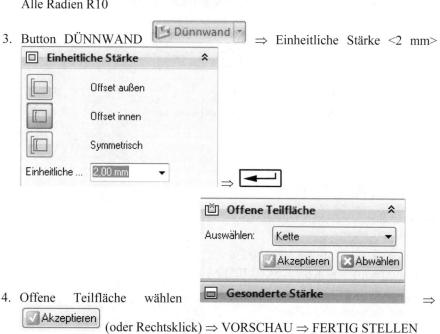

4. Offene Teilfläche wählen Akzeptieren (oder Rechtsklick) ⇒ VORSCHAU ⇒ FERTIG STELLEN

 Hinweis: Solid Edge erlaubt es, eine Wandstärke größer als den Ausrundungsradius einzustellen. Es entsteht dann innen eine scharfe Kante, ohne dass Solid Edge darauf aufmerksam macht.

8.3 Weitere Funktionen

8.3.1 Rippen

Als Grundlage dient ein einfacher Winkel, ähnlich Kapitel 3.

1. Generieren des Winkels

2. Button RIPPE
3. Auswählen einer zum Winkel senkrechten Ebene
4. Zeichnen des Profils in dieser Ebene (siehe rechts) ⇒ SKIZZE SCHLIEßEN
5. Eingabe der Rippenstärke <3,00 mm> in der Formatierungsleiste

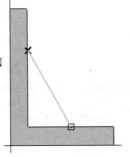

8.3 Weitere Funktionen

6. Bestimmung der Ausbildungsrichtung (in Richtung Winkel) durch linke Maustaste

7. Bestimmung der Lage der Rippe (symmetrische Ausdehnung siehe Bild)
8. FERTIG STELLEN

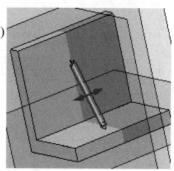

8.3.2 Versteifungsnetze

Als Grundlage dient die Datei <duennwand.par>

1. Button VERSTEIFUNGSNETZ

2. „Koinzidente Ebene"; dient als Referenzebene, die durch die Oberkante des Körpers gebildet wird (siehe Pkt.4)

3. Zeichnen des groben Musters des Versteifungsnetzes ⇒ ZURÜCK

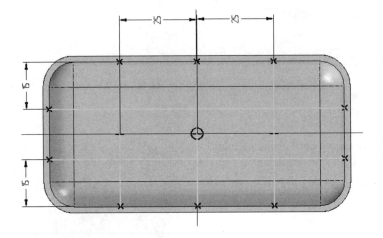

4. Eingabe der Stärke der Versteifung <1 mm>

5. Bestimmen der Ausdehnungsrichtung des Versteifungsnetzes durch Linksklick

6. Durch Drücken des Button BEHANDLUNG
   ![Behandlung] in der Formatierungsleiste können Formschrägen in der Versteifung hinzugefügt werden

7. FERTIG STELLEN ⇒ ABBRECHEN

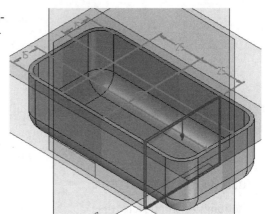

8.3.3 Lüftungsgitter

Als Grundlage dient die Datei <duennwand.par>

Hinweis: Falls das Versteifungsnetz in der <duennwand.par> noch vorhanden ist, kann es im PathFinder über die Anwahl der rechten Maustaste ⇒ UNTERDRÜCKEN unterdrückt werden (wie auch bei alle anderen Features möglich).

1. Zeichnen einer Skizze der Lüftungsgitterstruktur in der Koinzidenten Ebene der Unterseite ⇒ SKIZZE SCHLIEßEN ⇒ FERTIG STELLEN ⇒ ABBRECHEN

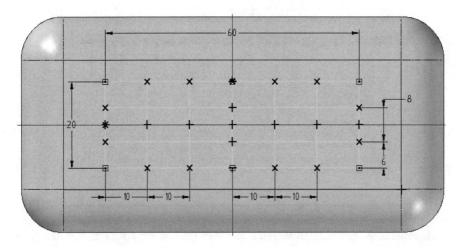

2. Button LÜFTUNGSGITTER

   Lüftungsgitteroptionen öffnet

   Rippenstärke (blau) <3 mm> Holmstärke (rot) <2 mm> Tiefen <2 mm> (gemäß unterer Skizze im Dialog sind die Maße ersichtlich)

   Des Weiteren können hier Formschräge und Verrundungsradius angegeben werden ⇒ OK

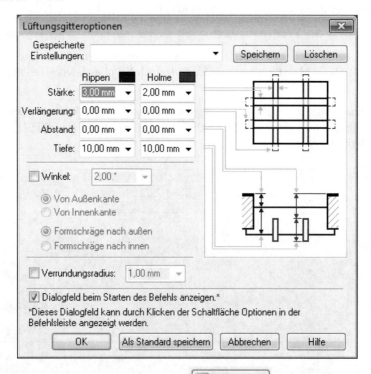

3. Umrandung der Skizze auswählen ⇒ Akzeptieren ⇒ Rippen auswählen ⇒

8.3 Weitere Funktionen

 ⇒ Holme auswählen ⇒

4. Ausdehnungsrichtung durch Linksklick ⇒ FERTIG STELLEN ⇒ ABBRECHEN

8.3.4 Lippen

Als Grundlage dient die Datei <duennwand.par>

Hinweis: Falls das Versteifungsnetz und/oder das Lüftungsgitter in der <duennwand.par> noch vorhanden ist, kann es im PathFinder über die Anwahl der rechten Maustaste ⇒ UNTERDRÜCKEN unterdrückt werden (wie auch bei alle anderen Features möglich).

1. Button LIPPE ⇒ Außenkante der Öffnung auswählen ⇒
2. In Formatierungsleiste Breite und Höhe eingeben

3. Ausrichtung der Lippe mit Linksklick festlegen

4. FERTIG STELLEN ⇒ ABBRECHEN

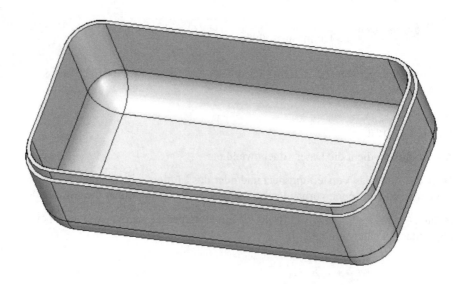

8.3.5 Befestigungsdome

Grundlage kann eine beliebige Extrusion sein.

1. Button BEFESTIGUNGSDOM

 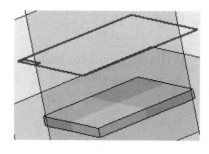

2. Parallelebene (öffnet sich automatisch) in der Länge des Domes entsprechender Entfernung von der Extrusion erzeugen (siehe Bild)

3. Skizzenfenster öffnet sich ⇒ Dom(e) positionieren ⇒ SKIZZE SCHLIEßEN

4. Button OPTIONEN [Optionen] ⇒ Fenster „Optionen des Befestigungsdoms" öffnet sich

8.3 Weitere Funktionen

Die Eintragungen sind in der rechten Skizze des Dialoges erklärt

5. Eigenschaften eingeben ⇒ OK

6. Extrusionsrichtung durch Linksklick

7. FERTIG STELLEN ⇒ ABBRECHEN

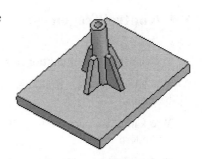

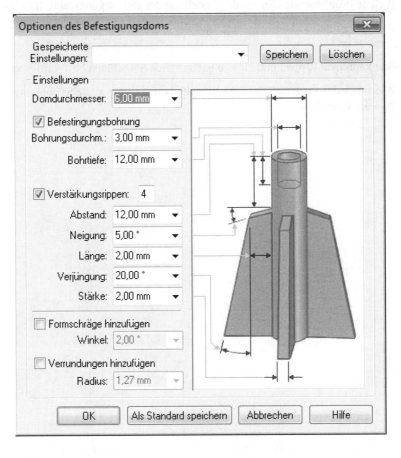

8.4 Kontrollfragen

1. Welche speziellen Funktionen gibt es in Solid Edge?
2. Wie kann man die Anzahl der offenen Teilflächen bei dünnwandigen Bauteilen bestimmen?
3. Wie kann man nach Fertigstellung des Lüftungsgitters die Lüftungsgitterstruktur ändern?
4. Welche Probleme können bei der Erstellung des Befestigungsdoms auftreten?
5. Was haben das Versteifungsnetz und der Befestigungsdom beim Modellieren gemeinsam?
6. Wie kann man Rippen und Holme nachträglich hinzufügen bzw. entfernen?
7. Wie muss das Gegenstück eines Einzelteils mit Lippe aussehen und wie kann man das erreichen?

9 Freiformmodellierung mit Splines

In diesem Kapitel werden Splines mit Hilfe von Tabellenkurven aus einer gegebenen Punktemenge einer Sattelhälfte, die in einer Excel-Tabelle angelegt wurde, erzeugt. Anschließend werden diese Tabellenkurven gespiegelt. Um die Lücken zwischen zwei gegenüberliegenden Tabellenkurven zu schließen, werden erneut Splines mit Hilfe von so genannten Eigenpunktkurven erzeugt. Bevor eine so genannte geführte Fläche erzeugt werden kann, werden noch drei weitere Splines wiederum mit Hilfe der Eigenpunktkurve erstellt, die für die Flächengenerierung die Rolle der Führungskurven/Leitkurven einnehmen. Nach Erzeugen der geführten Fläche wird diese zu einem Volumenkörper verstärkt und anschließend mit Hilfe des Zebrastreifenmusters auf Symmetrie geprüft, ob das Volumen und die Fläche sauber erzeugt wurden. Zum Schluss wird der Sattel um Bohrungen und Kantenverrundungen ergänzt.

Vorgehensweise

- Generieren der Tabellenkurven für die untere Hälfte des Sattels
- Spiegeln der Tabellenkurven
- Generieren der Verbindungskurven (Eigenpunktkurven) zwischen den Tabellenkurven
- Generieren der Führungskurven (Verbinden der äußeren Punkte der Tabellenkurven auf der jeweiligen Hälfte und der Mittelpunkte der Verbindungskurven)
- Erzeugen der geführten Fläche
- Verstärken der Fläche
- Prüfen der Symmetrie
- Einfügen der Bohrungen
- Verrunden der Kanten

Gegebene Punktemenge der Beschreibung einer Sattelhälfte

	x	y	z		x	y	z
1. Punkt:	-273	-49,1	-11,0	21. Punkt:	-123	-86,1	-10,9
2. Punkt:	-273	-49,2	-19,5	22. Punkt:	-123	-93,8	-21,8
3. Punkt:	-273	-49,9	-27,8	23. Punkt:	-123	-106,3	-27,4
4. Punkt:	-273	-51,4	-36,1	24. Punkt:	-123	-118,3	-34,4
5. Punkt:	-273	-53,9	-44,1	25. Punkt:	-123	-128,1	-42,8
6. Punkt:	-243	-39,1	-10,9	26. Punkt:	-83	-89,1	-10,9
7. Punkt:	-243	-41,1	-31,7	27. Punkt:	-83	-95,1	-20,1
8. Punkt:	-243	-47,0	-51,9	28. Punkt:	-83	-103,2	-24,6
9. Punkt:	-243	-59,5	-68,5	29. Punkt:	-83	-111,7	-30,9
10. Punkt:	-243	-76,1	-80,9	30. Punkt:	-83	-119,9	-36,5
11. Punkt:	-203	-70,1	-10,9	31. Punkt:	-43	-90,1	-10,9
12. Punkt:	-203	-78,9	-29,3	32. Punkt:	-43	-93,7	-17,8
13. Punkt:	-203	-93,8	-44,6	33. Punkt:	-43	-99,4	-23,3
14. Punkt:	-203	-104,3	-63,2	34. Punkt:	-43	-105,2	-28,7
15. Punkt:	-203	-109,1	-83,9	35. Punkt:	-43	-111,1	-33,9
16. Punkt:	-163	-80,5	-10,9	36. Punkt:	0	-89,9	-9,8
17. Punkt:	-163	-90,4	-24,0	37. Punkt:	0	-91,3	-15,5
18. Punkt:	-163	-106,5	-31,6	38. Punkt:	0	-94,2	-20,5
19. Punkt:	-163	-121,5	-41,4	39. Punkt:	0	-97,5	-25,3
20. Punkt:	-163	-134,1	-53,9	40. Punkt:	0	-101,8	-29,0

 Hinweis: Diese Punktemenge ist als Excel-Tabelle unter *http://www.bapm.de/solidedge/sattelpunkte.xls* herunterladbar.

9.1 Generieren und Spiegeln der Tabellenkurven

In diesem Abschnitt werden die Tabellenkurven für die untere Hälfte des Sattels generiert und anschließend gespiegelt.

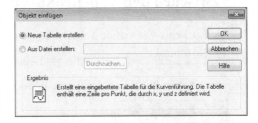

Tabellenkurven lassen sich aus einer Excel-Tabelle mit allen Punktkoordinaten der Kurvenpunkte übernehmen.

1. Neue Part-Datei öffnen und unter <sattel.par> speichern

2. Menüleiste
   FLÄCHENMODELLIERUNG
   ⇒ Gruppe KURVEN ⇒
   KURVE ÜBER TABELLE

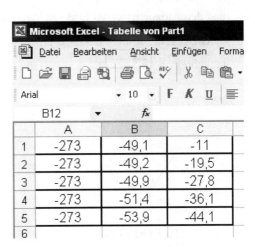

3. NEUE TABELLE ERSTELLEN auswählen

4. OK

5. aus der obenstehenden Excel-Tabelle die Punkt-Koordinaten übernehmen

6. in Excel ⇒ DATEI (bzw. SCHALTFLÄCHE 'OFFICE') ⇒ SCHLIEßEN UND ZURÜCKKEHREN ZU <sattel.par>

7. FERTIG STELLEN (EINPASSEN wählen, um die erzeugte Tabellenkurve zu sehen)

8. Mit den restlichen 7 Punktegruppen wiederholen

9. SPIEGELKOPIE EINES TEILS

10. Alle 8 Kurven im Arbeitsbereich selektieren ⇒ Akzeptieren Ebene Oben(xy) als Spiegelebene auswählen ⇒ FERTIG STELLEN ⇒ ABBRECHEN

9.2 Generieren der Verbindungskurven (Eigenpunktkurve) zwischen den Tabellenkurven und der Führungskurven

1. Die Lücken zwischen de Tabellenkurven mit jeweils einer Eigenpunktkurve 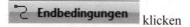 („Verbindungs-/Leitkurve") verbinden

   ⇒ nach dem Platzieren der Kurve in der Formatierungsleiste auf den Button

   Endbedingungen klicken

   und den Anfang bzw. das Ende auf tangentiale Übergänge einstellen

   ⇒ BEACHTE: grüne Punkte innerhalb der gelben Kreise (ggf. Vorzeichen umkehren ⇒ ⬅)

   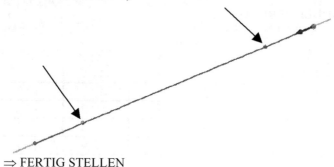

   ⇒ FERTIG STELLEN

2. Die äußeren Enden der Kurven mit jeweils einer Eigenpunktkurve („Führungskurve") verbinden ⇒ FERTIG STELLEN ⇒ ABBRECHEN

3. Die Mittelpunkte der Verbindungskurven auch mit einer Eigenpunktkurve („Führungskurve") verbinden

4. FERTIG STELLEN ⇒ ABBRECHEN

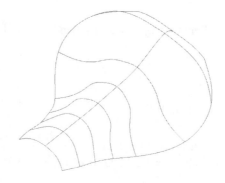

9.3 Erzeugen der geführten Fläche

1. Menüleiste FLÄCHEN-
   MODELLIERUNG ⇒
   Gruppe FLÄCHEN ⇒
   GEFÜHRT

2. Auswahl siehe Darstellung

3. OK

4. zuerst die drei Führungskurven (Pfade) selektieren
   (mehr geht nicht), nach
   jeder Kurve 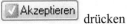 drücken

5. alle Profile (Querschnitte)
   nacheinander auswählen
   Hinweis: Darauf achten,
   dass der Anfangspunkt als
   Polygon am äußeren Rand
   auf der gleichen Seite angezeigt wird.

6. Nach der Selektion der drei
   Kurven (Tabellen-, Eigen-
   punkt- und gespiegelte Tabellenkurve) eines Profils
   Akzeptieren drücken

7. VORSCHAU

8. FERTIG STELLEN

9. ABBRECHEN

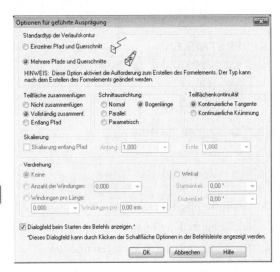

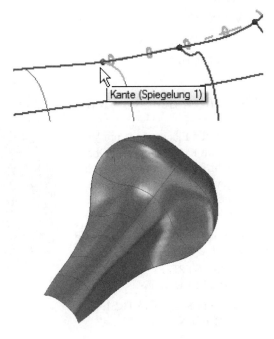

9.4 Verstärken der Fläche

Diese Feature befindet sich in Pull-Down Leiste bei Dünnwand.

1. VERSTÄRKEN

anklicken

2. Geführte Fläche selektieren
3. Dicke einstellen (3 mm)
4. Richtung nach unten festlegen und linke Maustaste
5. VORSCHAU
6. FERTIG STELLEN
7. ABBRECHEN

9.5 Prüfen der Symmetrie

Zebrastreifen Fläche sind zum Visualisieren von Krümmungen in Oberflächen hilfreich, um festzustellen, ob ungewünschte Verformungen oder Biegungen in der Oberfläche vorhanden sind

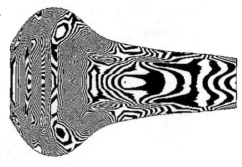

1. Menüleiste PRÜFEN ⇒ Gruppe ANALYSIEREN ⇒ ZEBRASTREIFEN ⇒ EINSTELLUNGEN
2. Haken in Kästchen STREIFEN ANZEIGEN setzen
3. gewünschte Ansicht wählen und Oberfläche prüfen
4. SCHLIEßEN

9.6 Einfügen der Bohrungen und Verrunden der Kanten

1. Ausschnitt erzeugen
2. Skizze auf der Ebene Vorn (xz)
3. Drei Kreise erzeugen (∅ 10 mm) und bemaßen (mittig mit 50 mm Abstand vom vorderen Rand und nebeneinander, wie in Grafik gezeigt)
4. Ausschnitt aller drei Kreise nach unten
5. Kanten verrunden
6. vorn und hinten senkrecht mit R = 10 mm
7. oben R = 0,5 mm (auch die Bohrungen)
8. alle Kurven und Ebenen ausblenden

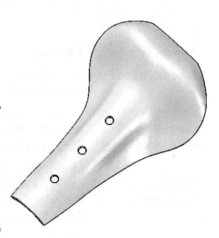

9.7 Kontrollfragen

1. Weshalb ist darauf zu achten, dass die Anfangspunkte der Polygone der geführten Fläche ausschließlich am äußeren Rand auf der gleichen Seite selektiert werden müssen? Was würde theoretisch mit der Fläche passieren, wenn man dies nicht einhält?
2. Kann man auch andere Punkte als Polygone der geführten Fläche auswählen und wenn ja, worauf ist dabei zu achten?
3. Was versteht man unter Pfad und Querschnitt?
4. Wie viele Führungskurven können maximal für eine geführte Fläche erzeugt werden?
5. Mit welchem anderen Formelement sollte die geführte Fläche nicht verwechselt werden, auch wenn der Dialog der Vorgehensweise völlig identisch ist?
6. Welche Vorgehensweisen zum Erzeugen eines Volumenkörpers können gewählt werden, wenn auf der ersten Ebene ein Rechteck (1. Querschnitt), auf der zweiten Ebene (parallel zur ersten mit 50 mm Abstand) ein Kreis (2. Querschnitt) und auf der dritten Ebene (parallel zur zweiten mit 50 mm Abstand) sich wieder ein Rechteck (3. Querschnitt) befindet?
7. Welche Möglichkeiten zum Modellieren eines Wasserschlauchs mit Durchmesser 4 mm, einer beliebigen Länge und einer Wandstärke von 2 mm gibt es?

Musterlösungen zu Kontrollfragen in Kapitel 1

zu 1.

Anwendung	Funktion	Dateierweiterung
Solid Edge Part	Modellierung Einzelteile (Traditionelles DIN-Teil; din part.par)	<name>.par
Solid Edge Sheet Metal	Modellierung Blechteile (Traditionelles DIN-Blechteil; din sheet metal.psm)	<name>.psm
Solid Edge Weldment	Modellierung Schweißkonstruktionen (Traditionelle DIN-Schweißkonstruktion; din weldment.asm)	<name>.asm
Solid Edge Assembly	Modellierung Baugruppen (Traditionelle Baugruppe; din assembly.asm)	<name>.asm
Solid Edge Draft	Zeichnungserstellung (Traditionelle Zeichnungserstellung; din draft.dft)	<name>.dft

zu 2. Die Bestandteile der Benutzungsoberfläche sind:

Anwendungsschaltfläche	Zum Erstellen/Öffnen/Speichern von Dateien und deren Verwaltung.
Formatierungsleiste	dynamische Symbolleiste, deren Inhalt sich dem gegenwärtig verwendeten Befehl anpasst.
Menüleiste	enthält alle verfügbaren Befehle in Pull-Down-Menüs.
Hauptsymbolleiste	enthält Befehle für die am häufigsten verwendeten Windows- und Solid Edge-Funktionen. Wird der Mauszeiger auf einen Button bewegt, erscheint eine Kurzinfo mit der Funktion der Taste.
Titelleiste	enthält den Namen der aktiven Umgebung und des aktiven Dokuments (Part, Draft, Sheet Metal, ...).
PathFinder	enthält Informationen über den Aufbau des Bauteils und dessen Chronologie.
Aufforderungsleiste	enthält wichtige Informationen und Meldungen.

Arbeitsbereich	Hauptteil des Solid Edge-Fensters. In der Part- oder Assembly-Umgebung werden die Basisreferenzebenen angezeigt. In der Draft-Umgebung werden mit Registern versehene Zeichnungsblätter angezeigt.

zu 3. Der PathFinder enthält Informationen über den Aufbau des Bauteils.

zu 4. Folgende Änderungen sind möglich: Zoomfunktionen, Verschieben des Bildausschnitts, Dynamisches Drehen, Drehen nach Vorgabe, Einstellungen von benannten Ansichten und diverse Schattierungsmöglichkeiten.

Musterlösungen zu Kontrollfragen in Kapitel 2

zu 1. Mit Hilfe von Features (Formelemente) lassen sich Bauteile mit intelligenter Geometrie definieren. „Feature" – im Sinne der CAD-Anwendung – sind mit Attributen versehene komplexe CAD-Elemente. Diese Attribute können geometrische, technologische oder funktionale Eigenschaften zur Beschreibung eines realen Objektes (Werkstückteil) sein (z. B. Bohrungen, Gewinde).

zu 2. Parameter sind der Durchmesser eines Kreises mit festgelegtem Mittelpunkt auf einer Ebene, welche mit ihrem Normalenvektor die Lage im Raum definiert, und die Höhe, beschrieben durch die Länge einer Strecke entlang dieses Normalenvektors.

zu 3. Zur schnellen Änderung von Bauteilen können Definitionen von Skizzen oder Formelementen direkt geändert werden. Mit linker Maustaste im PathFinder das Bauteil auswählen, in der Formatierungsleiste erscheinen folgende Änderungsmöglichkeiten:

- DEFINITION BEARBEITEN ⇒ hier können Optionen wie z. B. für Bohrungen angepasst werden.

- PROFIL BEARBEITEN ⇒ hier können Extrusionen und Skizzen geändert werden.

- DYNAMISCH BEARBEITEN ⇒ hier können Parameterwerte für Formelemente wie Fasen und Verrundungen angepasst werden.

zu 4. Diese Modellierungstechnik ist auch unter der Formulierung Boundary Representation (B-Rep) bekannt.

Musterlösungen zu Kontrollfragen in Kapitel 3

zu 1. In der 2D-Umgebung hat ein Kreis 2 Freiheitsgrade: seine Mittelpunktposition beschrieben durch 2 Freiheitsgrade, z. B. X-/Y-Koordinaten.

zu 2. Eine Skizze ist vollständig bestimmt, wenn alle Freiheitsgrade mit Hilfe von geometrischen und dimensionalen Bedingungen vergeben wurden. In Solid Edge wird dies über das Menüleiste PRÜFEN ⇒ Gruppe BEWERTEN ⇒ BEZIEHUNGSFARBEN geprüft. Dimensionale Bedingungen werden in schwarz dargestellt, Geometrieelemente in blau. Sobald geometrische Bedingungen für die Geometrieelemente verwendet werden, werden diese in schwarz dargestellt. Sind alle Geometrieelemente schwarz, so ist die Skizze vollständig bestimmt. Eine andere Möglichkeit ist, ob einzelne Elemente oder die gesamte Skizze mit der Maus hin und her gezogen werden können. Ist dies der Fall, so ist die Skizze unterbestimmt, im anderen Fall ist sie vollständig bestimmt.

zu 3. Skizzen können die Grundlage für verschiedene Operationen wie beispielsweise Extrusionen (in vorigen Solid Edge-Versionen Ausprägungen), Rotationen, Ausschnitte oder Rotationsausschnitte sein.

zu 4. Eine Bohrung wird in 3D definiert durch eine Kreisfläche im Raum und einer senkrechten Tiefe zu dieser Fläche. Eine weitere Bedingung ist, dass dieser Zylinder im Raum in ein Volumen hineinragt.

zu 5. Um die Eingabe des 360°-Winkels bei einem Rotationskörper oder einem Rotationsausschnitt zu vermeiden, wird in der Formatierungsleiste über der manuellen Winkeleingabe der Button DREHUNG UM 360° angeklickt.

Musterlösungen zu Kontrollfragen in Kapitel 4

zu 1. Vervielfältigen einzelner Formelemente können über die Funktionen MUSTER oder FORMELEMENT SPIEGELN erzeugt werden.

zu 2. Das Mustern ist eine sehr effiziente Methode, gleichartige Formelemente zu erzeugen. Die Eigenschaften des Formelementes müssen nur bei seiner ersten Instanz festgelegt werden und können dort auch leicht geändert werden. Darüber hinaus bietet Solid Edge vielfältige Möglichkeiten zur Verteilung der Musterelemente.

zu 3. Hierzu bietet Solid Edge die Möglichkeiten der Erzeugung von Kreismustern, Rechteckmustern und Mustern entlang einer Kurve an. Dabei sind Kreis- und Rechteckmuster die am häufigsten benutzten.

zu 4. Da die Welle ein Drehteil ist, muss also ein Skizze dergestalt erzeugt werden, so dass anschließend eine Rotation erfolgt.

zu 5. Zum einen wäre die Erstellung einer Skizze für den Ausschnitt beim späteren Ändern von Maßen sehr hilfreich. Zum anderen wäre die Erzeugung einer parallelen Ebene tangential mit TANGENTENEBENE zur Mantelfläche sinnvoll, um das Volumen mit ABMAß VON/BIS von der Skizze bis zur Tangentenebene korrekt abziehen zu können. Damit wäre gewährleistet, dass bei Ändern des Durchmessers der Welle, an dem der Ausschnitt platziert ist, immer die Form des Ausschnitts gewahrt bleibt, während bei einem Durchmesser, dessen Wert größer als das festgelegte Abmaß des Ausschnitts ist, ab diesem Abmaß wieder Material erzeugt wird.

zu 6. Die Modellierung hätte auch mit der Einstellung der Bohrungsoption STUFENBOHRUNG erfolgen können. Im PathFinder wäre demzufolge auch nur ein Formelement für die zwei Bohrungen zu sehen gewesen.

zu 7. Geeigneter wäre hier das Rechteckmuster gewesen. Die Vorgehensweise erfolgt analog der Rechteckmustererzeugung für das Modellieren der Bohrungen in der Ventilplatte.

Musterlösungen zu Kontrollfragen in Kapitel 5

zu 1. Baugruppen (Assemblies (.asm)) entstehen durch Verknüpfen verschiedener Komponenten. Bei diesen kann es sich um Einzelteile, also Parts (.par), oder Unterbaugruppen, also wiederum Assemblies (.asm). handeln.

zu 2. Ja, eine Baugruppe kann als Komponente in einer Hauptbaugruppe eingebaut werden. Dort stellt sie eine Unterbaugruppe der Hauptbaugruppe dar.

zu 3. Beim Bottom-Up Schema werden erst die Einzelteile einer Baugruppe modelliert und anschließend diese zur Baugruppe zusammengesetzt.

zu 4. Beim Blindflansch wurde die Konstruktionsmethode Top-Down verwendet. Hier wird von der Gesamtbaugruppe ausgegangen und die Einzelteile stückweise modelliert.

zu 5. Ein freier Körper hat im Raum 6 Freiheitsgrade: 3 translatorische und 3 rotatorische.

zu 6. Eine vollständig eingebaute Komponente hat keinen Freiheitsgrad, da alle durch Bedingungen festgelegt sind.

zu 7. Die Positionierungsmöglichkeiten einer Sechskantschraube sind:

– Aufsetzen des Schraubenkopfes (ebene Fläche auf ebene Fläche)

- Koaxialität des Bohrloches und des Schraubenschaftes
- Parallelität einer Seitenfläche des Schraubenkopfes zu einer ebenen Fläche

zu 8. In die Welle können Referenzebenen, wie in Abschnitt 5.6.7 bei der Platzierung des Hebels beschrieben, eingeblendet und diese zum Platzieren verwendet werden.

Musterlösungen zu Kontrollfragen in Kapitel 6

zu 1. Auf dem Arbeitsblatt werden Zeichnungsansichten, Bemaßungen und Anmerkungen platziert. Einem Arbeitsblatt wird ein Hintergrundblatt angeheftet. Über das Hintergrundblatt kann man auf Titelblock und Rahmendaten zugreifen, die dann auf mehrere Arbeitsblätter abgebildet werden können. Das Hintergrundblatt dient nicht zur Abbildung der Zeichnungsansichten.

zu 2. 1. Schritt: Button SCHNITTVERLAUF ⇒ die zu schneidende Ansicht anklicken

2. Schritt: Schnittverlauf einzeichnen ⇒ SCHNITTVERLAUF SCHLIEßEN

3. Schritt: Richtung des Schnittverlaufs durch Anklicken festlegen

4. Schritt: Button SCHNITT ⇒ den Schnittverlauf anklicken und die Ansicht platzieren

zu 3. Es gibt die Möglichkeit, die Maße der im Part-File bemaßten Skizze in die Zeichnung zu übertragen: Button BEMAßUNGEN ABRUFEN anklicken und die entsprechende Zeichnungsansicht anklicken.

zu 4. 1. Schritt: Ansicht mit rechter Maustaste anklicken

2. Schritt: EIGENSCHAFTEN ⇒ Registerkarte ANZEIGE

3. Schritt: Haken bei VERDECKTE KANTEN entfernen ⇒ OK

zu 5. Zuerst im Part-File Material zuweisen über Menüleiste PRÜFEN ⇒ Gruppe PHYSIKALISCHE EIGENSCHAFTEN ⇒ EIGENSCHAFTEN ⇒ Button ÄNDERN ⇒ in Feld MATERIAL ein betreffendes Material aus dem Popup-Menü auswählen ⇒ Button MODELL ZUWEISEN ⇒ Button AKTUALISIEREN ⇒ alle Kontrollkästchen SYMBOL ANZEIGEN deaktivieren ⇒ SCHLIEßEN ⇒ SPEICHERN des Part-Files ⇒ Ableiten einer Zeichnung ⇒ Button LEGENDE ⇒ EIGENSCHAFTSTEXT ⇒ INDEXREFERENZ ⇒ MASSE auswählen ⇒ Doppelklick mit linker

Maustaste ⇒ OK ⇒ OK ⇒ Platzieren der Legende MASSE ⇒ Bezugslinie deaktivieren.

zu 6. Nach dem Platzieren der Stückliste auf dem Arbeitsblatt wird die Stückliste mit rechter Maustaste ⇒ EIGENSCHAFTEN die Reiterkarte LISTENSTEUERUNG ausgewählt. Im linken Baum wird die Unterbaugruppe mit linker Maustaste ausgewählt und anschließend unter der Gruppe UNTERBAUGRUPPEN der Radio-Button auf BAUGRUPPENKOMPONENTEN EINSCHLIEßEN eingestellt. Nach Drücken des Buttons OK wird die Stückliste aktualisiert.

Musterlösungen zu Kontrollfragen in Kapitel 7

zu 1. Unter ANWENDUNGSSCHALTFLÄCHE ⇒ EIGENSCHAFTEN ⇒ MATERIALTABELLE ⇒ unter der Reiterkarte WERTE können Materialstärke und Biegeradius eingegeben werden. Bestätigen durch MODELL ZUWEISEN.

zu 2. Mit einem Lappen konstruiert man an eine fertige Lasche einen einfachen 90°-Lappen. Das Profil dieses Lappens kann nun verändert werden (s. 7.3.3). Ein Konturlappen kann ebenfalls aus einer Lasche konstruiert werden und zwar entlang einer Kantenkette, z. B. L-förmig in den Raum (s. 7.2.3).

zu 3. Das vorgegebene Profil (der Umriss des Lappens) darf nicht gelöscht werden. Unter Einbeziehung des vorgegebenen Profils wird das neue Profil eingezeichnet und abschließend die nicht benötigten Linien getrimmt. Wurde das vorgegebene Profil dennoch gelöscht und der Profilfehlerassistent erscheint, kann der Fehler durch Drücken des Buttons ALLE RÜCKGÄNGIG bereinigt werden.

zu 4. MATERIAL INNEN positioniert die Materialstärke des Lappens auf der Innenseite der Profilebene, die Gesamtbreite des Teils bleibt gleich.

MATERIAL AUßEN positioniert die Materialstärke des Lappens auf der Außenseite der Profilebene, die Gesamtbreite nimmt um die zweifache Materialstärke zu.

zu 5. Damit nach dem Spiegeln des Lappens und der Bohrung die gleiche Breite von 50 mm erhalten bleibt (da das Rechteck laut Zeichnung schon mit 50 mm skizziert wurde), muss nach dem Selektieren einer der oberen Längskanten der Button MATERIAL INNEN aktiviert werden.

Musterlösungen zu Kontrollfragen in Kapitel 8

zu 1. Es gibt Wölbung und Formschräge, Dünnwand, Rippe, Versteifungsnetz, Lüftungsgitter, Befestigungsdom und Lippe.

zu 2. In der Formatierungsleiste den Button DÜNNWAND ⇒ OFFENE TEILFLÄCHE anklicken ⇒ alle gewünschten Teilflächen anklicken ⇒ akzeptieren ⇒ VORSCHAU ⇒ FERTIG STELLEN.

zu 3. Die angefertigte Skizze im PathFinder anklicken ⇒ mit rechter Maustaste PROFIL BEARBEITEN und die Skizze verändern (z. B. Rippen und Holme zufügen) ⇒ SKIZZE SCHLIEßEN ⇒ FERTIG STELLEN. Über den PathFinder das Feature Lüftungsgitter nachträglich bearbeiten: mit der rechten Maustaste das Lüftungsgitter auswählen ⇒ DEFINITION BEARBEITEN anklicken und dann über die Formatierungsleiste die zusätzlichen Rippen und Holme hinzufügen ⇒ FERTIG STELLEN.

zu 4. Der Abstand zwischen der einzustellenden Parallelebene und der Grundplatte kann zu groß gewählt sein, so dass die Verstärkungsrippen, die mit einem Winkel angegeben werden, über die Grundplatte hinausragen. In diesem Fall wird eine Fehlermeldung angezeigt.

zu 5. Bei beiden muss eine parallele Ebene definiert werden, da bei beiden Features das Material zum Volumenkörper erzeugt werden muss.

zu 6. Die Stärken der Rippen und Holme können nachträglich mit der rechten Maustaste im PathFinder ⇒ DEFINITION BEARBEITEN geändert werden.

zu 7. Zuerst wird das Einzelteil im Zusammenbau eingefügt und anschließend über den Pathfinder ⇒ TEILBIBLIOTHEK ⇒ Button VOR ORT ERSTELLEN diejenige Teilfläche ausgewählt, an der das Gegenstück der Lippe angebracht werden soll.

Musterlösungen zu Kontrollfragen in Kapitel 9

zu 1. Es muss deswegen darauf geachtet werden, dass der Anfangspunkt als Polygon am äußeren Rand auf der gleichen Seite angezeigt wird, da sonst die Fläche eine „Verwirbelung" bekommt und unter Umständen auch nicht berechnet werden kann.

zu 2. Man kann auch auf der anderen Seite am äußeren Rand die Punkte nehmen, verfährt aber aus den gleichen Gründen wie in Antwort 1.

zu 3. Unter Pfade werden Führungskurven verstanden, unter Querschnitte einzelne verbundene Kurven oder geschlossene Kurvenzüge.

zu 4. Es können maximal drei Führungskurven (Pfade) erstellt werden. Hat man nur eine erzeugt, sollte man nicht vergessen, den Button NÄCHSTE zu drücken, um die Querschnitte bestimmen zu können.

zu 5. Das Erzeugen einer geführten Fläche hat den gleichen Dialog der Vorgehensweise wie die geführte Extrusion (in vorigen Solid Edge-Versionen die so genannte geführte Ausprägung) zum Erzeugen eines Volumenkörpers. In beiden Dialogen wird der Titel „Optionen für geführte Ausprägung" verwendet. Die geführte Extrusion (Ausprägung) ist in der Gruppe VOLUMENKÖRPER ⇒ HINZUFÜGEN ⇒ GEFÜHRT zu finden.

zu 6. Hierzu gibt es zwei Möglichkeiten: Erzeugen einer geführten Extrusion (Ausprägung) oder Erzeugen eines Übergangs für eine Übergangsausprägung. Zum Erzeugen einer geführten Extrusion werden mindestens eine Eigenpunktkurve bzw. drei maximale Eigenpunktkurven für die Führungskurven benötigt. Bei dem Erstellen der Eigenpunktkurven ist darauf zu achten, dass man die Rechteckpunkte und den Quadrantenpunkt des Kreises auf der gleichen Seite der Querschnitte (von oben aus betrachtet) verbindet, um einen guten Übergang von erstem Rechteck zu Kreis und Kreis zu zweitem Rechteck für den Volumenkörper zu erzielen. Wählt man z. B. einen gegenüberliegenden Punkt des Quadrantenpunktes des Kreises aus, tritt eine Verwirbelung des Volumenkörpers auf (bei Endstücken von Stühlen sicherlich sinnvoll). Möchte man diesen Effekt nicht haben, wählt man die zweite Möglichkeit des Erzeugens eines Übergangs. Hier ist keine separate Erstellung von Eigenpunktkurven notwendig, da während des Dialogs in der Gruppe VOLUMENKÖRPER ⇒ HINZUFÜGEN ⇒ ÜBERGANG beim Anklicken des dritten Querschnitts die Führungskurve angezeigt und nach Drücken des Button VORSCHAU der Volumenkörper erzeugt wird.

zu 7. Gegeben ist ein Kreis mit Durchmesser 4 mm und eine beliebig lang geformte Eigenpunktkurve (Führungskurve) für den Wasserschlauch. Bei der ersten Möglichkeit wird eine geführte Fläche erzeugt. Um die Wandstärke von 2 mm zu erfüllen, verstärkt man in der Gruppe VOLUMENKÖRPER ⇒ HINZUFÜGEN ⇒ VERSTÄRKEN die Fläche zu einem Volumenkörper mit 2 mm Wandstärke. Wenn man stattdessen eine geführte Extrusion erzeugt, hat man gleich einen Volumenkörper erstellt und erreicht die Wandstärke von 2 mm mit Hilfe der Dünnwand in der Gruppe VOLUMENKÖRPER ⇒ DÜNNWAND ⇒ DÜNNWAND.

Sachwortverzeichnis

A

Abstandsbemaßung 36, 41
Abwicklung 124
aktive Anwendung 4
Aktualisieren der Bildschirmdarstellung 12
Aktualisieren von Ansichten 99
allgemeine Ansichten 11
An-/Aufsetzen 72
Ändern von Elementeigenschaften 13
Arbeitsblatt 92
Arbeitsumgebung 2
Assembly 68
Assembly PathFinder 69
assoziativ 99
Assoziativität einer Ansicht 100
Ausrichten einer Ansicht 100
Ausschnitt 31, 35, 52
Ausschnitt einer rotierten Fläche 17
axial ausrichten 77, 80

B

Basisreferenzebenen 6
Baugruppe 68
Befehlssuche 14
BEFESTIGUNGSDOM 18, 136
Bemaßung 104
Bemaßungspräfix 105
benannte Ansichten 11
Beziehung 68
BEZIEHUNGSFARBEN 30, 33
Bezugselemente 104
Blechteilmodellierung 111
BOHRUNG 17, 23, 40
Bohrungsoptionen 23
Bottom-Up Modelling 20, 68
Button 1

D

Detailansicht 102
Drafting 92

Drehen 10
Drehen nach Vorgabe 11
DREHUNG UM 360° 148
Drehwinkel 73
DÜNNWAND 18
dünnwandige Bauteile 129
Durchmesserbemaßung 105
dynamisches Drehen 10

E

Ecken trimmen 32
Editieren von Text 106
Eigenpunkte 60
Eigenpunktkurve 139, 142
Ein-/Ausblenden 13
Einfügen orthogonaler Ansichten 98
Einzelheit 94
Einzelteil 68
Elementeigenschaften 13
Erstellen von Hilfsansichten 98
Erzeugen einer Skizzengeometrie 30
Extrudieren 16, 39
EXTRUSION 16, 22

F

FASE 17, 25
Features 20, 22
Formatvorlage 108
Formelement 16, 20, 64
FORMELEMENT SPIEGELN 17
FORMSCHRÄGE 17, 125
Führungskurve 139, 142

G

geführte Fläche 139, 143
Geometrieelemente 20, 148
geometrische Randbedingungen 21

H

Hauptansicht 94
Hauptsymbolleiste 5

Sachwortverzeichnis

Hilfsansicht 94
Hintergrundblatt 92
HOME 22
Horizontal/Vertikal 33

I
Isometrische Ansicht des Modells 11

K
Kante 10
Koinzidente Ebene 18
kolinear 52
Kollinearität 30
Kollisionsanalyse 68, 90
Komponente 68
Kontextmenü 7
Konturlappen 115
konzentrisch 23, 35
Kreis über Mittelpunkt 22, 50
Kreismuster 48, 64

L
Lappen 119
Lasche 115
Layer 92
Legende 95, 107
Leitkurve 139
Linie 32
LIPPE 18, 125, 135
Löschen von Ansichten 98
Löschen von Geometrieelementen 12
LÜFTUNGSGITTER 18, 133

M
Material innen/außen 119
Materialtabelle 114, 118
Mauszeiger 5
Menüleiste 5
Mittellinie 95
Mittelmarkierung 103
Modellansicht 11, 96
MUSTER 17, 48, 57

O
Offset 78
Online-Hilfe 14
orthogonale Ansichten 94

P
Pan 10
parallele Ebene 18, 49
Parallelebene 61
Pathfinder 6
Physikalische Eigenschaften 9
planar ausrichten 78
Plotten einer Zeichnung 109
Profil 21
Profilebene als Ausgangspunkt 50

Q
QuickPick 7

R
Rahmen 92
RECHTECK 38, 52, 56
Rechteckmuster 57
Referenzebene 21
RIPPE 18, 130
ROTATION 16
ROTATIONSACHSE 36
ROTATIONSAUSSCHNITT 17, 36
rotieren 10, 25
Rückgängigmachen von Aktionen 13

S
Schattieren 12
Schnittansicht 94, 101
Schnittrichtung 101
Schnittverlauf 94
Schraffur 101
Schriftfeld 92
Sheet Metal 111
Skalieren einer Ansicht 97
Skizze anlegen 16
SKIZZE SCHLIEßEN 22
Skizzierer 30
SMARTDIMENSION 33

Solid Modelling 20
Spiegeln/Muster 21
Splines 139
Standard Parts 122
Statusleiste 6
Stückliste 94, 109
symmetrischer Durchmesser 33
symmetrisches Abmaß 44

T
Tabellenkurve 139, 141
Tangentenebene 18
tangential 56, 60, 62
Teilansicht 99
Teilbibliothek 76
Text 95
Textfeld 95
Titelleiste 5
Top-Down Modelling 20
TRIMMEN 39

U
unsymmetrisches Abmaß 44, 126
Unterbaugruppe 68, 87

V
veränderlicher Offset 78
Verbinden 36, 47, 56
Verknüpfung Fläche auf Fläche 76
VERRUNDUNG 17, 63
Verschieben des Bildausschnitts 10
Verstärken der Fläche 143
Versteifungsnetze 131
VERSTEIGUNGSNETZ 18
Volumenmodellierung 20

W
Winkel 78
Winkelbemaßung 36
Winkelbeziehung 73, 78
Wölbung 125

Z
Zebrastreifenmuster 144
Zeichenblatt 96
Zeichnen einer Schnittlinie 100
Zeichnungserstellung 92
Zeichnungsrahmen 107
Zoomfunktionen 9
Zusammenbau 68